北大教育學文庫　　劉雲杉　主编

中國新教育行政制度研究

姜琦　邱椿　著

商務印書館

序

北京大學的教育學科具有悠久的歷史。如果從京師大學堂一九〇二年建立師範館算起，我們至今有一百一十八年的歷史，當然師範教育與教育學科不能完全等同。另一方面，北大教育學科的歷史并非連續而未中斷的。抗戰期間，北大與清華、南開三校先後在長沙和昆明分別組建臨時大學和西南聯大，教育學科也伴隨着這段特殊歷史而顛沛流離。聯大期間新建的師範學院爲雲南基礎教育提供了師資，對提升當地的基礎教育水平做出了貢獻。抗戰勝利後，一九四六年三校北歸，西南聯大的師範學院留在了昆明，發展成爲今天的雲南師範大學。〔一〕一九四九年，教育學科被移出北大，調整到其他院校，於是北大無獨立建制教育學科的空白狀況一直持續到一九八〇年。一九八〇年，教育學科在北大以高等教育研究室的形式重建，隨着國家改革開放政策的實施和對教育事業的重視，教育學科也逐步發展起來。二〇〇〇年，北大將高等教育研究所和電化教學中

〔一〕據曾任西南聯大師範學院院長的黄鈺生介紹：「師院建院時，將原北大教育系、南開哲學心理教育系的教育組及雲南大學教育系師生劃歸聯大院。」見黄鈺生：《回憶聯大師範學院及其附校》，載西南聯大北京校友會編：《我心中的西南聯大：西南聯大建校七十周年紀念文集》，清華大學出版社二〇〇八年版，第二百六十八—二百七十二頁。

心予以合并，在此基礎上成立了教育學院，成爲綜合大學建立教育學院的表率。

二〇二〇年正好是北大教育學科重建四十周年、教育學院建立二十周年。爲了慶祝學科重建的不惑之年，我們正在做三件事情：一是整理和編纂北大教育學科從建立以來百餘年的發展歷史，以《學堂興 師道立》這本書的形式呈現出來；二是邀請師生撰寫求學問道的回憶啓示録，辑成《學術之道》文集；三是把歷史上北大學人撰寫的教育研究方面的著作和教材，有選擇性地進行影印，彙爲「北大教育學文庫」出版。本序是對上面第三項工作的一個説明。上述第一和第三項工作在商務印書館的支持下進行，第二項工作在北京大學出版社的協助下開展。

對於北大教育學科發展歷史以及我們正在開展的工作，我想做如下兩點説明。第一，北大是現代中國高等教育的産物，北大的辦學實踐本身就是一部大學教育學術史，這方面的研究已有豐碩的成果。例如，在華東師範大學教育系編選的《中國現代教育文選》〔一〕的作者群中，就包括曾在北大任教和任職的多位學者，如蔡元培、陳獨秀、魯迅、李大釗、胡適、梁漱溟、江隆基等。此外還有一些學者，他們的研究工作具有較强的專業性，其重要性僅爲業内所知，但他們的工作同樣值得進行回顧和總結，這是我們開展此項工作的重點。第二，就教育學科而言，其學科邊界比較模糊，所以北大研究教育問題的學者或者發表過教育論著的學者，絶不僅僅限於教育系和師範學院，而是遍布多個學科，比如社會學、哲學、歷史學等，自然形成一個多學科的格局，這個

〔一〕華東師範大學教育系編：《中國現代教育文選》（修訂版），人民教育出版社一九九八年版。

特點對於我們認識教育規律十分重要，因此，這些論著都在我們的收録範圍之内。

我們選印的教育著作和教材，已經有數十年甚至上百年的歷史，再版這些學術著作有什麼價值呢？它們有没有過時呢？我想分别從歷史和超歷史性兩個方面講一下我們的想法。首先，從歷史方面看，這些文獻是中國教育學科現代化過程的真實寫照，作爲一種學術的歷史呈現本身是不會過時的。中國教育學科的現代化至今仍然没有完成，可以説，過去的研究工作是我們今天研究工作的前奏，我們今天的研究工作是過去研究工作的續曲。其次，從超歷史性方面看，過去的學者與今天的學者一樣，都試圖透過教育活動的表象去認識抽象的規律，這些規律會超越特定的歷史階段和範圍，具有恒久性和普遍性。

對於超歷史性，最近讀了一些材料，稍有心得，允我多寫幾筆。早期的北大教育學科是在一批學貫中西的學者手中建立起來的。他們大多接受過程度不一的中國傳統教育，也有不少人留洋接受過西方教育，他們用在西方大學習得的理性思維去審辨中國傳統的教育實踐，中西古今的融通性和對比感十分强烈，對於中西文化制度下的教育特徵及其價值有着獨到和真切的感受，其思想的廣度和深度不在今人之下。這些特點反映在他們的學術著作和行動中。比如，蔡元培先生剛到德國留學時就發現，德國的教育「在課程上，重推悟不重記誦；在訓育上，尚感化不尚拘束」〔一〕。蔡先生在德國留學時，主修心理學、倫理學和美學，他對於教育的理解和所采取的行動指南，主

〔一〕蔡元培：《辛亥那一年》，載高平叔編：《蔡元培全集》第七卷，中華書局一九八九年版，第一百零九頁。

要基於他對中西兩種文化觀下教育的理解。一九一六年，他長校北大時，就采取「無論何種學派，苟其言之成理，持之有故，尚不達自然淘汰之命運，即使彼此相反，也聽他們自由發展」〔一〕的治校方針。他聘請胡適來北大任教也是因爲其「舊學邃密」和「新知深沉」。〔二〕

再如，與蔡元培先生相似，蔣夢麟也接受過中西教育。留學美國時，他從農學轉到教育學，還接受過哲學和歷史學教育，對於中西文化有着同樣深刻的理解。在《西潮》一書中，他講到一個有趣的例子。有一天，他和杜威、胡適在北平西山看到一只蜣螂推着一個小小的泥團上山坡。它先用前腿來推，然後又用後腿，接着又改用邊腿。泥團一點點往上滾，快到坡頂時忽然滾回原地。蜣螂這樣反復多次，一次次地嘗試，又一次次地失敗。蔣夢麟和胡適都不約而同地贊嘆這個小蟲的恒心毅力。杜威却説，它的毅力固然可嘉，但其愚蠢却實在可憐。蔣夢麟寫道：「這真是智者見智，仁者見仁。同一東西却有不同的兩面。這位傑出的哲學家是道地的西方子弟，他的兩位學生却是道地的東方子弟。」〔三〕蔣夢麟通過這個事例想要説明中西文化之間的差異，從而揭示更深層次上的不同，這個不同表現在官覺世界和理性世界，「知易行難」和「知難行易」兩種對知行關係的不同認識，道德宇宙和理智宇宙，「學以致用」和「爲知識而知識」兩種不同的學用關係。

〔一〕蔡元培：《我在教育界的經驗》，載高平叔編：《蔡元培全集》第七卷，中華書局一九八九年版，第二百頁。

〔二〕蔡元培：《我在北京大學的經歷》，載高平叔編：《蔡元培全集》第六卷，中華書局一九八八年版，第三百五十頁。

〔三〕蔣夢麟：《西潮·新潮》，嶽麓書社二〇〇〇年版，第二百五十六—二百五十七頁。

在上述二分類中，中國偏向於前者，而西方偏向於後者，造成了兩種不同的知識體系和認識論特徵。無獨有偶，與杜威幾乎同期訪問中國的英國哲學家羅素也提出，「西方文明與衆不同的優點就是科學方法，而中國文明的最具特色的長處就是對人生歸宿的合理解釋」〔一〕。其他學者，如梁漱溟等，都對中西文化及其知識觀有着深刻的認識，今天讀他們的作品仍然深受啓發。總之，中國的現代化，中國教育的現代化，就是吸收西方文化以改造自身文化的過程。「我們將在儒家知識系統的本幹上移接西方的科學知識。儒家的知識系統從探究事物或大自然出發，而以人與人的關係爲歸趨；西方的科學知識系統也同樣從探究事物或大自然出發，但以事物本身之間的相互關係爲歸趨，發展的方向稍有不同。」〔二〕教育學者未必像哲學家那樣深切關注中西文化對於知識的影響，但是這種中西比較觀肯定會在其著述中有所反映，這種反映一定是深刻和深遠的，是其超歷史性的表現。

參與此項叢書選編工作的幾位同事告訴我，在收集和整理學科史料的過程中，他們不斷有「驚喜」發現，我們的先輩做了很多令人嘆爲觀止的學術工作，有些是開創性的，過去我們對此知之甚少。學術既有歷史理解的一面，也有歷史局限性的另一面。對於歷史理解的一面，正像章學誠所言，「不知古人之世，不可妄論古人文辭也；知其世矣，不知古人之身處，亦不可以遽論其文也」〔三〕。對

〔一〕〔英〕羅素：《羅素論中西文化》，楊發庭等譯，北京出版社二〇一〇年版，第八十九頁。
〔二〕蔣夢麟：《西潮・新潮》，嶽麓書社二〇〇〇年版，第二百五十三頁。
〔三〕章學誠：《文史通義・文德》，中華書局一九六一年版，第六十頁，轉引自羅志田：《變動時代的文化履迹》，復旦大學出版社二〇一〇年版，第九頁。

於歷史局限性的一面，需要我們采取去粗取精、去僞存真的態度和方式予以加工和改造。有鑒於此，我們希望讀者在閱讀過程中，可以處理好歷史與現實之間的關係。

我們選印了三本著作作爲本套影印叢書的第一輯，其中既有過去已經出版的，也有首次刊布發行的。這三本著作分別是：蔣夢麟的 *A Study in Chinese Principles of Education*（《中國教育原理》），陶孟和的《社會與教育》，姜琦和邱椿的《中國新教育行政制度研究》。如果條件允許的話，我們今後還會把這項工作繼續進行下去。學術是公器，套用社會學家戈爾茨的話，我們現在所做的事情，不是研究北大的教育學科，而是在北大研究教育學科。

北京大學教育學院院長　閻鳳橋

二〇二〇年九月二十日於燕園

理想與勇氣的光輝

《中國新教育行政制度研究》導讀

林小英

本書成書於一九二七年八月，正是南京國民政府實施大學區制的啓動時期。在中國近代教育史上，實施仅一九二七—一九二九年短短兩年的大學區制是較少被提及的一項教育系統改革。改革者當時所面臨的教育狀況，被學界認定爲「民國以來的教育，真可謂『自由發展』了，其結果是再紊亂不過的」〔一〕。由是全國的教育要有一個系統的布置。「教育之整頓，學風之改善，其關鍵皆以上而下，都不是自下而上。」傅斯年曾建言：「把教育部建設成爲一個有技術能力的官廳，以法蘭西、普魯士的教育部爲榜樣做去，不特參事，司長不能用一無所能的人，即科長、科員亦必用其專門所長。此外更設統計處，以便全國教育事項瞭如指掌，設教材編纂處，不再審定些亡國的教科書。」〔二〕

然而此種建議出現在一九三二年，距離本書的出版已經過去五年有餘。傅斯年所提諸多教育

〔一〕傅斯年：《教育改革中幾個具體事件》，載《傅斯年全集》第五卷，湖南教育出版社二〇〇〇年版，第十二頁。

〔二〕傅斯年：《教育改革中幾個具體事件》，載《傅斯年全集》第五卷，湖南教育出版社二〇〇〇年版，第十四頁。

行政系統的整頓建議，恰好落在本書所思慮和設計的範圍之內。姜琦和邱椿兩位已經就中國新教育制度的全新體系進行了頗爲周全的考慮。徒法不足以自行，一種新制度要貫徹實施下去，光有理念的撬動、原則的設計、熱情的呼喊是不够的。蔡元培先生在序言中爲本書做了定位。「其中具體的方案，當試辦時還要經過多少的討論，所不待言，然而列舉的例證，抽象的理論，可以作現代言新教育者的最好之參考書，這是我敢斷言的。」

作者開篇就指出本書所要建構的一種理想的中國教育行政系統的方法理路：其一，研究歐美主要國度的教育行政系統的現狀；其二，批評其利弊得失而定其取捨；其三，以前二者爲基礎，抽出幾個根本原則；其四，根據這幾個根本原則，參照中國國情，建設中國新教育行政系統，然後再將這系統逐漸實驗、推行，改進到盡善盡美的境地。

對歐美教育行政系統，作者分成兩派：（一）法德派或大陸派，其特徵爲中央集權、組織嚴密、標准劃一、尊崇專家、效率偉大；（二）英美派或盎格爾薩克遜（盎格魯-撒克遜）派，其特徵爲地方分權、組織疏簡、標准殊異、尊重民意、注重試驗。作者對四個國家的教育行政系統做了條理清晰的勾勒，畫出各國系統圖。

接下來列舉以歐美四國爲代表的教育制度之利弊，以便知道怎樣效法其優點而避免其流弊。法國教育行政制度的總體特徵是沿襲帝政時代的遺制，太集權、整齊、硬化而無伸縮性。（一）中央集權過分。全國教育大權集中於教育總長一身，其指令、告白、訓話，幾等於法律，全國教育行政官吏和教師都要奉命唯謹；中央教育機關對於地方教育機關能指揮靈便，而地方教育雖有特殊需要而無從得其適應，雖有進步，計劃而無從求其實現；地方教育機關事事依賴中央的指導，足以助長其惰性而養成機械服從的惡習。（二）過分整齊劃一，而没有自由伸縮的餘地與自由演進的機會；從進化原理上觀察，正是法國教育制度的致命傷，大抵有變異而後有比較，有比較而後有競爭與進化，假使法國教育制度不改革，法國教育很難進步。（三）通俗民衆對於教育政策没有發言權，而在教育機關内没有適宜的代表；大抵官吏與智識階級有時興趣太片面，而眼光太偏狹，不能顧及通俗民衆在教育上有什麼需要、希望、意見與批評。（四）教育機關常受政潮的支配；教育總長更換一次，教育政策也改變一次，改變太多，教育事業也不能安穩進展。改造中國教育行政系統時應竭力避免過分集權、過分劃一、漠視民衆意見、捲入政潮旋渦的流弊。

法國教育的優點是：行政效率高；全國成績標准高，整齊劃一；注重專家的指導；嚴密的立法或顧問機關及精密的視學制度；法國的根本信仰是以美育及公民教育代宗教教育，實行宗教與教育分離。流弊與優點是一體兩面，抑或是連續體上的兩端。德國與法國一樣，都是中央集權，利弊也同，但加倍專制，毫無平民精神；教會對教育的影響太大。

英國代表地方分權的精神。與法德正好相對立，二者的優劣也恰好相反。英國的弱點有三個方面：（一）制度過分複雜，而程度參差不齊，教育機會不平等。各地自然演進，中央無權干涉，除非自身覺悟而情願改革。地方之間差異巨大，貧富懸殊。（二）行政效率不高，教育的興革事項，都有種種牽制而不能順利進行。（三）宗教與教育的關係太密切。小學教育的大權都在教會牧師手中；特別是私立學校數目太大，在教育行政系統上自成一體，帶有貴族色彩，違反平民精神。

中國借鑒時要極力避免其標準參差不齊、教育機會不平等、教會學校與私立學校的過分發展的毛病。

英國的優點也比較鮮明：（一）能獎勵地方自由試驗。地方權力包括決定政策、編制預算、擬定課程大綱、任命及罷免教師及校長等。（二）教育制度能適應地方需要。（三）教育行政制度能充分代表民衆利益。（四）教育部的調查司，專調查世界教育情形以資教師的參考，又嘗將本國新教育試驗及新教學方法印成單行本給教師作爲指南。中國應該取法英國的是：獎勵教育自由試驗與地方自治、適應地方需要、充分顧及民衆利益。

美國與英國相仿，但有三點特徵：教育行政制度的分權程度比英國更大；自由試驗的精神比英國也加倍的濃厚，教育進步特别迅速；最完善的是都市教育行政。教育局代表民衆利益，教育局局長代表專家意見，前者專司立法，後者專司行政，分工既細，組織又嚴，是中國應取法的。

在這樣清晰的國别比較的框架上，作者提煉出中國教育行政制度設計要點：行政效率，最低標準，專家意見；自由試驗，地方需要，民衆利益。據此，提出改造中國教育行政系統之原理，即三個基本原則。這是全書的主體内容。

原則一，調和中央集權與地方分權。中國教育行政系統應采取集權制，抑或采取分權制？采集權制的理由有五：（一）集權制能促進國民革命與中國統一。中國目前四分五裂，集權制的教育才能傳播文化上的普通思想，然後才能樹立政治上、經濟上國家統一的基礎。（二）集權制能增進行政效率，使教育改革加倍迅速。教育上目前有大規模破壞和建設的必要。（三）集權制能樹立整齊劃一的教育標準。各地情況相差太大，有的地方的學校設備堪比歐美，有的地方連黑板都没有，江蘇和甘肅的學生有天淵之别。（四）集權制能實現教育機會均等的理想。對貧瘠省份，中央可給予補助金；對漠視教育的省份，可强制其增加教育預算，讓各地學生有同等受教育機會。（五）集權制能聯合各種教育機關以改進教育事業。各種教育機關、基金會、教育協會應該在中央統一管理之下通力合作。

取分權制的好處則有：適應地方需要，獎勵教育自由試驗，培養人民對教育的興趣，使教育事業超然於政潮之上而得平穩進展，充分利用中國人愛護桑梓的觀念。中國人的國家觀念很薄弱，但對於桑梓却有着熱烈的忠心與同情，可利用之，使各地在教育上相互競爭。利用景慕心，使其自覺慚愧。

原則二，調和專家意見和民衆利益（即調和學術化與平民化）。應該格外信任專家，把教育事業完全托付給專家的理由是：（一）只有專家能規定開明的進步的教育政策。專家是科學化和專業化的；中國民衆是盲目的，不知世界潮流和教育原理。（二）只有專家能執行教育政策。教育事業是一種技術，不是人人都能辦理的；普通民衆并不知道怎樣衡量教育效果。（三）尊崇專家可以淘汰教育界的濫竽分子。目下中國教育界，爲智識階級及紳士階級的逋逃藪；凡是在政界、工商界不得志的先生們，都避到教育界來。因此教育界的分子非常複雜。雞鳴狗盗之徒，應有盡有。教育事業糟到不可救藥的地步。每次政潮更迭，教育界人員便更换一次，行政長官又可大大安插其私人。

注重民衆利益的動聽理由則包括：（一）可以使教育平民化。中國幾千年的教育都是紳士階級和資產階級的教育，是維護特殊權利的工具；與工商平民階級的利益沒有一毫半厘關係。（二）可以培養民衆對教育的興趣與信仰。（三）可以培養父母對兒女教育的責任心。

原則三，調和委員會制與領袖制。委員會制是多頭政治，集合許多首領，采取合議方式，分工研究，共同討論，并分頭或共同執行一切決議案，是立法與行政合一的制度。其好處是：采取合議的方式，所以有集思廣益及分工互助的好處；適合平民精神，防止獨裁；能防止教育行政長官的舞弊。

委員會制的毛病有：（一）效率不高，集議時又意見分歧，寶貴時間多消磨於互相辯論之中，開明進步的主張多爲衆議所梗。（二）委員會記録多嚴守秘密，其弊病有時比領袖制還大，外人無從監督或糾正。（三）委員會制的責任不專，互相推諉，不想擔責任。

領袖制的好處有：行政效率更高；責任更專，不能推給旁人；可以處理緊急事項。毛病則是有獨裁、腐化和易受摇動的傾向。

對上述三個原則的辨析，目的在於爲中國開一劑良方。本書得出的結論是，就原則一來説，絶對中央集權、絶對地方分權都不可能。應走「允執厥中」的道路，需要折中辦法，不但在學理上有根據，并且適合世界教育行政最新趨勢。就原則二來説，絶對信任專家與絶對信任民衆都不可能，最好辦法是保持「黄金的中度」。凡屬教育上的普通政策，及增加預算、設立新學校等，應由民衆來決定；凡屬特殊方針、精細程序及進行手續、實施方案等，應由專家負責。凡屬教育上立法事項，由民衆支配；凡屬教育上行政事項，應完全托付專家。就原則三來説，立法、司法、監察機關應采取委員會制；執行機關應采取領袖制。

其後，作者結合孫中山的四政權五治權，草擬了中國新教育行政的三大系統：學院系統，行使行政權和考試權；會議系統，行使司法權、立法權和對行政長官的監察權；督學系統，對各級學校之校長、教師、學生行使其監察權和考試權。在具體機構設置上，令人印象深刻的莫過於大學區及其教育委員會了。作者設想在現有行政區劃上劃分若干大學區，采取委員會制。具體辦理原則中的本土智慧令人佩服：凡地方不能舉辦者，應由中央辦理之；凡地方能辦理而不情願辦理者，應由中央監督之；凡地方能辦理，又能適合全國最低標准者，應由地方自主而中央不得干涉之。對於中央與地方各種教育行政組織機構的職權，負責人的權限，采用的議事制度、決策制度和執行機制都言簡意賅地做了説明。

一項新制度的推行還需要提供歷史背景、國外經驗的根據、專家學理的依據，才能解釋清楚爲何要頒行某種教育宗旨的教育政策。本書的「後篇」對此進行了簡明交代，感興趣的讀者不妨一讀，瞭解一下當時的「政策企業家」如何就他們所見的現狀、經驗和理論進行商榷。更爲艱難的是，還要秉承上意，努力彌合訓政時期的總體口令，來歸類不同領域的教育政策，以使之與意識形態的倡導相吻合。不出所料，這種努力和小心，過了幾年，即被學術界有識之士猛烈批判。

大學區制是一代留學人員取法歐美而設計的中國教育行政制度。這一代學人充滿了理想主義，希圖教育救國，然而已有的成例頗有韌性。現代大學在中國大地上僅有不到半個世紀的歷程，驟然進行釜底抽薪式地合并，在大學區内將教育和行政合署，足見其雄心與理想，然而也預示其將迅速失敗。若以爲學人是鑽入了理論和理想的牛角尖，則太過於偏狹地誤解了他們的真誠與勇氣。他們不明白世界之平衡法則：離合、張弛、剛柔、緩急麼？他們也充滿了真誠的勇氣，對於人的行爲實踐，亦有充分的瞭解和預判。而讓今天的我們感佩的正是這份「知其不可爲而爲之」的赤子之心。

這只是一份聲明、綱要和宣言。其中的細節自然不會太豐滿，但正如蔡元培先生在序言中所説：此研究可作爲新教育的最好的代言。要注意的是，作者所處的年代，所看到的國外的情形，已然與我們今天瞭解的國外很不一樣，「二戰」結束後很多國家在政體上做了翻天覆地的變革，對教育行政制度必然帶來極大的影響。這一歷史背景的差異，請讀者加以甄别。

上面所簡要勾勒的内容，不過舉其大要而言；實未能爲之逐一詳細討論。對於作者來説，在兩周之内，設計中國的新教育行政制度，其範圍之廣，節目之繁，欲在一薄薄小書篇幅之内，就其設計依據、原則、機構設置、利弊分析等全部厘定，亦是事實上所不容易做到的。從方法上來看，作者在借鑒國外時，尤重制度所依傍的政體性質，借鑒時絶不一邊倒地偏向某種做法而不及其餘，這對今天的研究者在做國際比較、政策移植、政策學習的研究時，具有方法上的指導意義。

本書初版後的兩年，大學區制正式實施，旋即迅速取消。然而如以北京大學爲窺孔，在史料中被定性爲「乃北大多難之秋，蓋經過兩度改組，不惟校名變更，且組織破碎，各科分立，舊有之精神，備受摧殘」。當教育總長劉哲奉命解散母校北大時，雖似非所欲，乃以合并九校爲名，解散北大爲實。此時期停辦系科、刊物和研究會，學生自動停學達二百餘人。一九二九年國民政府北伐成功，大學區制取消，京師大學瓦解，北大復校，諸多措施均復蔡元培校長之舊，散處南方的教員學生亦漸次回校。〔一〕不足半年，北大即恢復無別，又呈中興之氣象。新制度設計看起來再完備，終也架不住紛繁複雜的制度慣性和人心向背。短短兩年，波譎雲詭，學界政界往來無數，教育與政治糾纏得難捨難分。反顧本書所設計的新教育行政制度，則恍然上演了作者所强調的三個調和原則之不調和的狀態。

一九三二年傅斯年頻繁發文抨擊教育狀況，這與本書作者撰寫此書時所針對的教育現實依然十分類似。「政府若想把教育徹底改革，非……做有效的處置不可，否則改一回學制，即增一回紊亂，作一次處分，即種一次惡因。」〔二〕「政治之不安定是教育紊亂一個大主因……假如中國政治變動只是這幾個大綱，教育事業可以因時建設的，不幸大潮流之下分成無數小潮流，來來往往，反反覆覆，事事皆成朝不保夕之局面，人人乃懷五日京兆之用心，上臺是趁火打劫，下臺是醞釀待時。校長不做上三年，辦不出事業，教書不教上三年，做不成學問……革命的事業，不是革別人的命便成自己的事業，總要有相當時間的……」〔三〕實行大學區制雖然只有兩年，但足以

〔一〕《北平各大學的狀況》，新晨報印刷部一九三〇年版，第五—七頁。
〔二〕傅斯年：《教育改革中幾個具體事件》，載《傅斯年全集》第五卷，湖南教育出版社二〇〇〇年版，第十頁。
〔三〕傅斯年：《教育崩潰之原因》，載《傅斯年全集》第五卷，湖南教育出版社二〇〇〇年版，第七—八頁。

爲後來的學界對教育問題的診斷提供一個足够批判的理由。邱椿先生自己就曾在一九三二年致胡適的信中慨嘆，「中國新教育，最初抄襲日本，後來模仿法國，實行大學區制」〔一〕。作者自己莫非忘記了五年前他親撰的新教育行政制度和展望了？改革的規律性特徵也再次展現：人存政舉，人亡政息。教育改革概莫如此。作爲一個學者，面對殘酷的現實，一己之力十分有限，更寶貴的依然是既貼地而行又志存高遠的眼光和信念。

兩位作者深知本書是「命題作文」，抑或是今日所稱的「應景之作」，在兩個星期之内完成此書，帶有幾分「速成」性。「即就中央所試辦的現行學制，就管見所及，有所陳述。所謂試辦，是所主辦的人預存一種『經過若干時間，得到圓滿結果』的希望。」作者在自序中提醒讀者，一定要注意這種新制度所依存的歷史背景。書中極爲清晰的結構脈絡，展現了作者在研究方法上的自覺意識，即對現象詳細分析，對兩類學制相互對照，互相比較，審慎修正，小心選擇。

本書作者姜琦（一八八六—一九五一），字伯韓，浙江永嘉人。曾留學日本和美國，回國後任教於上海大夏大學、安徽大學、湖北教育學院、厦門大學。著有《西洋教育史大綱》《教育史》《教育學新論》《教育哲學》等。本書作者邱椿（一八九七—一九六六），字大年，江西寧都人。曾赴美國和德國留學和研究，歸國後任教於清華大學、厦門大學、國立北京女子師範大學、國立北京師範大學等校教育系。一九二七年與姜琦等人共同發起中國教育學會。著有《歐戰後之西洋

〔一〕邱椿：《邱椿致胡適》，載《傅斯年全集》第五卷，湖南教育出版社二〇〇〇年版，第二十頁。

教育》《古代教育思想論叢》等書。繼本書之後，一九三三年再赴歐美、蘇聯等地考察教育。次年，根據考察結果撰寫《學制》一書，介紹英、法、德、意、日、美、蘇俄等國的現行學制。二人深厚的留學背景、對西洋教育的梳理介紹以及回國任教的豐富經驗成就了本書，縱然世易時移，依然散發着理想與勇氣的光輝。

中國新教育行政制度研究

中國新教育行政制度研究

姜琦 著
邱椿
蔡元培 校

新時代教育社發行

中國新教育行政制度研究目錄

前篇　中國教育行政系統之改革

後篇　中國教育宗旨與政策的商榷

附表

中國新教育行政制度研究

序言

我們所感覺的世界，是相對的世界；所以無論那一件事，都有相對的兩方面，例如離合，張弛，剛柔，緩急等等。至於辦事人的傾向，往往隨個性所偏的方面而進行，所以偏於剛的有當機立斷的效驗，但或者可以召反動；偏於柔的有集思廣益的長處，但或者因而失時機。其餘一切相對的性質，各有所長；而太過了就有弊病，都是這樣。所以我國的孔子提倡中庸，而希臘的雅里士多得也有這樣的主張，這實在是顛撲不破的標準。姜君琦與邱君椿近日依這個標準，草擬中國新教育行政制度；先博考法德與英美兩派教育行政制度的異同，而提出他們的綱要。次評論他們的所長與所短。復次依評論的綜合而抽出三種原則：就是中央集權與地方分權的調和；專家意見與民衆利益的調和；委員制與領袖制的調和。復次，提出所擬具體的中國新教育行政系統的大綱與說明。復次提出所擬的教育宗旨，而求出與三民主義互相溝通的要點。這部書可以說是首尾完具線索一貫了。其中具體的方案，當試辦時還要經過多少的討論，所不待言；然而列舉的例證，抽象的理論，可以作現代言新教育者的最好之參考書，這是我敢斷言的。

中華民國十六年八月八日蔡元培

中國新教育行政制度研究

自序

我們著這部中國新教育行政制度研究的宗旨，並非在於要討論現在中國教育行政應否採用大學區制那個問題。但是這部書，完全是跟着南京中央政治會議發表一個「各省設大學區，先在江浙兩省試辦，並設中國大學院——學術及教育行政之最高機關於中央」的議決案而編輯的。換句話說：這部書之所以命名爲中國新教育行政制度研究，不過是我們要對於中央所試辦之現行學制，就管見所及，有所陳述的一點意思罷了。大凡所謂「試辦」云云，必其所主辦的人預存一種「經過若干時間，得到圓滿結果」的希望。然而欲期實現這種希望，尤必其人像化學師在實驗室中化驗藥品一樣，一方面採取前人學說，憑藉其過去的經驗，悉心研究；他方面考查最近資料，觀察其後起的現象，詳細分析；復次，再把這兩者互相對照，互相比較，審愼修正，嚴密選擇，然後纔能創成一種健全之學說或制度，而有濟於事實的。

我們根據這種科學的研究方法，竭力地把歐美全國教育制度的綱要與得失，及其教育專家的學說，並我們自己平日所研究的心得，一一介紹之於教育當局，俾作試驗進行中之參考的資料，這就是我們著這部書的宗旨。

此外我們應當附說的：這部書的內容，雖有小部分是爲現代的要求所發生的，而帶有幾分一時的時間性。然而將來中央政府隨時間的變遷，與社會的進化，姑無論其對於全國教育行政制度有無變更；但是其中有大部分所敍述之歷史的背景，歐美的學制，及專家的學說等等，我們自信其可以永久地作爲海內研究教育行政及比較教育者之助。可是我們的學識很淺薄，經驗很欠缺，復以時間的關係，僅僅兩星期內勉成這書，疏漏謬誤之處，知所不免。所幸書稿完竣後，曾承蔡子民先生在百忙之中，肯把全書自首至尾，詳細地校閱一過，甚至節段字句，無不加以斧削與潤色。同時又有傅毅生先生曾給我們許多有價值的幫助，批評與指正。這是我們要對這兩位先生表示深摯的謝意！倘讀者諸君都肯同樣地不吝指正，多加批評，尤是我們所極端歡迎的！

中華民國十六年八月　姜琦邱椿自序於上海

中國新教育行政制度研究

前篇

中國教育行政系統之改革

假使我們要建設一種理想的中國教育行政系統，我們應該採取四層步驟：（一）研究歐美主要國度教育行政系統的現狀；（二）批評這些系統的利弊得失而定其取舍；（三）從歐美教育制度的現狀及其得失，抽出幾個根本原則；（四）根據這幾個根本原則，並參照中國國情去建設中國新教育行政統系；再將這系統逐漸試驗，推行，改進以達到盡善盡美的境地。本篇行文即遵照這些步驟，所以也分四章：（一）歐美教育行政系統之比較，（二）歐美教育行政系統之批評，（三）

改造中國教育行政系統之原理，（四）中國新教育行政系統之說明。請申述如下：

第一章　歐美教育行政系統之比較

在這篇短文裏，要將複雜的歐美教育行政系統解釋得清清楚楚，是不可能的事；並且本文的主要職務是建設中國的教育行政制度，歐美的教育行政制度不過是一種參考資料，也沒有詳細解釋的必要。據我們的觀察，歐美教育行政系統大概可分爲兩派：（一）法德派或大陸派，（二）英美派或盎格爾撒克遜派。法德派的特徵爲中央集權，組織嚴密，標準劃一，專家的尊崇與行政效率的偉大；英美派的特徵爲地方分權，組織疏簡，標準殊異，民意的尊重，與教育試驗的注意。這四個國家的教育可以代表世界教育的潮流，所以本文對於歐美教育行政制度的說明也只限於這四國。因爲國民政府在教育制度上有效法法國的傾向，我們解釋該國的教育制度也比較更詳細。

一　法國

法國教育行政系統最整齊嚴密，全國教育大權都集中於中央政府的教育部。教育部設總長一人(Ministre de l'Instruction Publique et de Beaux Arts)，統轄全國教育事務。教育部又分三司，卽高等教育司，中等教育司，小學教育司；而每司設一司長。中等教育司又分二科：第一科管理教學事務，第二科管理教職員的任免。小學教育司又分五科：第一科管理教職員的任免，第二科管理課程，訓育，考試事務，第三科管理學校建築與設備，第四科管理師資的培養與考驗，第五科管理獎學金事務。法國教育部是教育上最高的執行機關，其立法的權限很小。

法國中央還有兩個教育上最高的立法或顧問的機關與團體。第一爲高等會議(Conseil Supérieur)。其職權爲規定全國教育政策，修訂課程，改革教學法，制定考試規則，編製學校管理法，審定教科書，及其他教育立法事項。該會議又爲全國教育上最高的司法機關；凡全國教育上的紛爭都在該會議上謀解決，教員被革退的也可向該會議上訴。教育總長爲該會議當然主席，會員共五十二人；由國家學會選出五人，由政府任命的高等官吏九人，由大學及高等專門教授中選出十八人，由中級學校教員選出十人，由初級學校教員選出六人，由政府任命的私立學校代表四人。高等會議每年集會兩次。該會中又有十五人爲常川駐會委員，其中九人由總統任命，六人由總長指派。常川駐會委員每週開會一次，討論改革課程大綱，學校章程，學校建築，學校興廢，教本圖書，訓育事項等。

第二種教育上立法機關爲教育參議會（Comite Consulative）。由中央督學官，教育部司長，秘書長，巴黎大學院副院長，師範學校校長代表組織之。每年中央督學官視察全國教育完畢時，教育參議會開會一次，討論督學官的報告。教育參議會的職權爲：（一）接受教育總長交議事項，（二）討論中等教育問題，（三）中等學校教職員的任命，升遷，與革退。教育參議會分三委員會：卽高等，中學，小學。而小學教育委員會尤爲重要。這個委員會由中央督學官，巴黎大學院院長，教育博物館館長，小學督學官，塞恩區域師範學校校長，母親學校或幼稚園教員，女督學官組成之。總而言之：教育參議會和高等會議職權相彷彿，而同爲教育上立法機關；不過後者職務更普遍而涉及全國教育政策，前者職務更特殊而涉及個別教育問題。以上所敍述的是中央教育行政制度。

法國第二級的教育行政單位就是大學區。法國全國分爲十七個大學區；有的很大，包括七八省之多，有的只包括一省。每區設大學院，卽該大學區內教育行政最高機關。大學院之長官爲大學院長，同時兼任該區大學校長，由教育總長任命。大學院長職務爲：（一）規定全區教育政策，（二）監督高等，中等，小學校事項，（三）協同大學會議治理大學行政及教學事務，（四）任命考試委員，（五）審定教科書，（六）接受高等及中等學校校長所面陳的意見，（七）審查高等及中等校長之報告，（八）每年作一詳細報告呈送教育部。大學院雖然能管理各級教育，但其主要任務爲辦理中等教育事項。

大學區內也有一個教育上立法機關，就是大學區參議會（Conseil Academique）。大學區參議會與大學院長的關係，恰似高等會議與教育總長的關係；大學區參議會在該區內的職務，恰似高等會議在全國內的職權。大學區參議會由大學區督學官，大學主任，高等專門學校校長，大學及高等專門各學系代表，中等學校校長，省議會代表，市議會代表等組成之。大學院長爲該會議當然主席。大學區參議會職權爲討論學校章程，教育經費，學校設備，訓育教科書，教學法等問題。

法國第三級教育行政單位爲省(Department)。省長爲一省政治長官，同時又爲其領域內的教育長官，但其職權祇限於小學教育。其職權爲：（一）規定小學教育方針，（二）審定小學教科書，（三）任命由大學區督學官所推薦的小學教員及校長，（四）管理小學設備建築等事項。每省也有一個教育上立法機關，就是省教育參議會。該會由省長（當然主席，）大學區督學官（副主席，）四省議員，二師範校長，二男教員代表，二女教員代表（由教員公推，）二小學督學官（由教育總長任命）其餘四人由人民公推組成之。教育參議會會員爲名譽職，不支俸給，任期爲三年，其主要職務爲小學教育。每年開會四次，其職權爲：（一）視察由高等會議所規定的教育政策之實施狀況，（二）視察課程大綱之實施情況，（三）視察小學教學法情形，（四）提出改革教育意見，（五）討論及接收大學區督學官的報告，（六）授與區市合辦教育的權限，（七）建立新學校，（八）視察公立及私立學校，（九）制定母親學校章程，（十）檢定小學教員資格，（十一）制定高小學校規則，（十二）核准私立學校。

法國第四級教育行政單位爲縣（Arrondisement），市（Commune），及區（Canton）。縣長，市長，區長爲政治長官，同時亦爲該區域內的教育長官，而每縣每市，每區又有縣，市，區教育參議會。縣長市長區長爲執行長官，而縣市區參議會爲教育上立法機關；前者與後者關係，恰似省長與省教育參議會，大學院長與大學參議會的關係。此外還有三種教育機關代表民衆意見與專家精神。其一爲家長委員會（Comité de Patronage）。每個高等小學有一家長委員會，其委員由大學院長任命。每年開會二次。其職權爲協助該校實施訓育，任命該校教員，而其最大責任在使該校課程完全適合地方需要。其二爲學校委員會（Commission Scholaire），由學校職員，市長或區長，及少數市或區教育參議會會員組成之。其職權爲監督義務教育，提倡補習教育（卽成人教育），協助教育經費等。其三爲區教育管理員（Délégués

Cantonaux）。每管理員得管理幾個小學校而專注意學生的物質的幸福（如學校設備，學校衞生，學生食料，學校醫院等。）每三月集會一次，討論上列各項事務並得向省教育參議會建議興革事項。

法國視學制度最爲完密。督學官分三等。第一爲中央督學官，全國共十四人，其中十一人爲男子，而三人爲女子。督學官多係退職的教員，對於教學有極豐富的經驗，並且常分工視察各學科教學情形，而每人祇擔任一種學科。在每年初中央督學官到各省區視察學校，考驗學生成績，輔導教員教學，注意地方需要，並作一詳細報告呈送教育部。第二等爲大學區督學官。全國共九十九人，由中等學校教師中選出，而由教育總長任命，其職權略如中央督學官，惟特別注意中等教育。第三級爲小學督學官，每省區縣區督學數目不同；大抵每小學督學須平均視察小學教師二百四十六人。小學督學官由小學教師中選出，須經過嚴格的考試；試驗合格後由教育總長任命。小學督學官視察公立私立小學，而視察時常留下備忘錄於教員並須作報告呈送大學區督學官。教育長官升調及革退教員時，亦須事前徵求小學督學官的

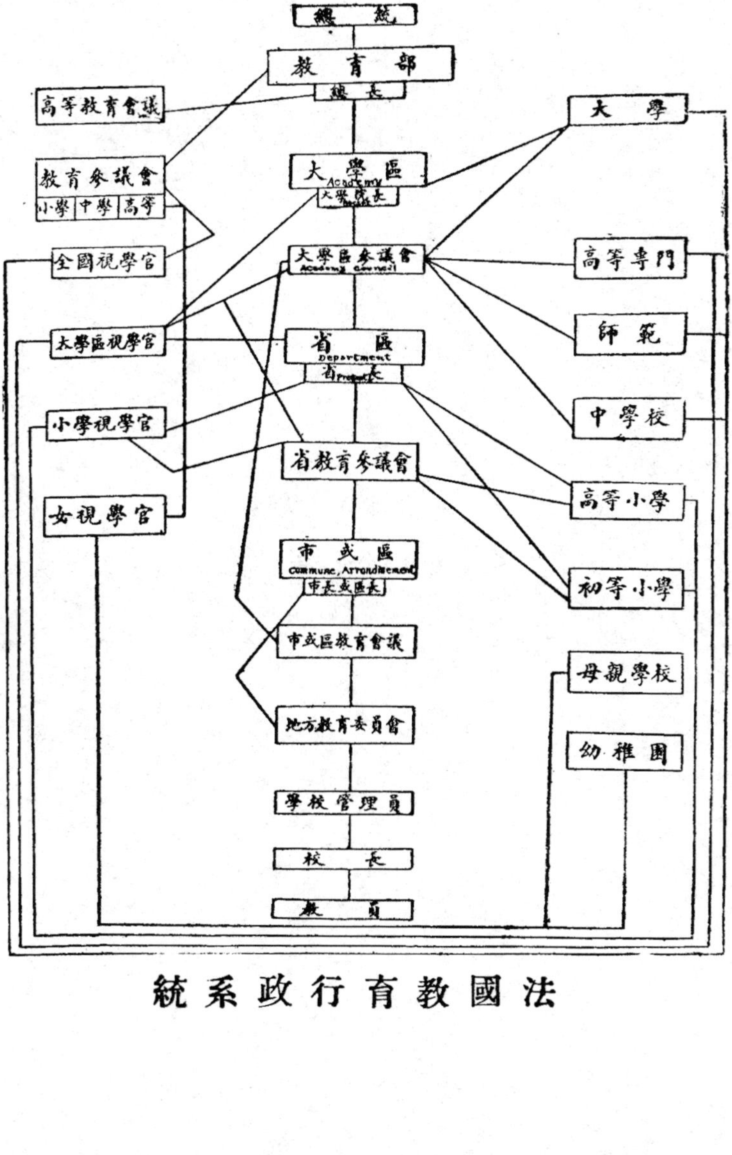

總統
教育部
總長
高等教育會議
教育參議會
小學
中學
高等
全國視學官
大學區
Academy
大學院長
Rector
大學區參議會
Academy Council
大學區視學官
省區
Department
省長
Prefect
小學視學官
省教育參議會
女視學官
市或區
Commune, Arrondissement
市長或區長
市或區教育會議
地方教育委員會
學校管理員
校長
教員
大學
高等專門
師範
中學校
高等小學
初等小學
母親學校
幼稚園

法國教育行政系統

意見。後面有個法國教育行政系統的圖解，請讀者細看。

二 德國（普魯士）

德國教育行政系統集權的程度和法國一樣，但這係指德國各邦內的教育行政而言。若嚴格而論，德國沒有國家教育制度，只有每邦教育制度；而本篇所述是普魯士的教育行政系統。中央有教育部，對總統與國會負責，其職權爲：（一）頒發教育法令指令規程，（二）任命教育行政長官，（三）監督全國學校，（四）規定各級學校課程大綱，（五）審定教科書，（六）管理考試。教育部分三司，而每司各有司長。

德國教育行政第二級單位爲省。省長（Oberpräsident）是一省行政長官，但同時亦爲其領域內的教育長官。省長職權爲：（一）指派中小學教員考試委員會，（二）任命師範學校教師而呈請教育總長批准，（三）任命預備學校教師，（四）管理教師薪金，（五）發給小學中學高等學校教師退養恤金。每省又有教育廳（Provinzial Schulkollegium），由學校視學官與行政長官若干人組織之，專管中等教育一切事務其職權爲：（一）管理高等學校，預備學校，師範學校教師的訓練，升調，停職，革退，（二）審定與介紹教科書，（三）批准學校規程，細則，管理法，（四）檢定與發給中小學師範學校畢業證書，（五）主持中小學教師考試事務，（六）每二年作報告呈送教育部查照。

德國教育行政第三級的單位爲縣（Regiersungsbezirke）。普魯士有三十七縣，而每縣有縣教育司。其職權爲：（一）管理小學中學，及私立學校，（二）任命教師，（三）批准或否決學校委員會所任命的教職員，（四）審查學校預算及賬目，（五）視察學校規程實施的狀況，（六）調查設立新學校的建議事項。縣教育司由七人或八人組成之，而縣長爲當然主席。教育司常派專家視察學校及作報告呈送教育部。省教育廳與縣教育司均爲中央教育機關之代表。

德國教育行政第四級單位爲市及區。每市有市教育委員會對市政府及縣視學官負責，由市長任命之行政長官三人，市參事會代表三人，專業代表，新教，舊教，猶太宗教代表，皇家學校代表組成之，而專業代表必須包括一校長或教師，其任期均

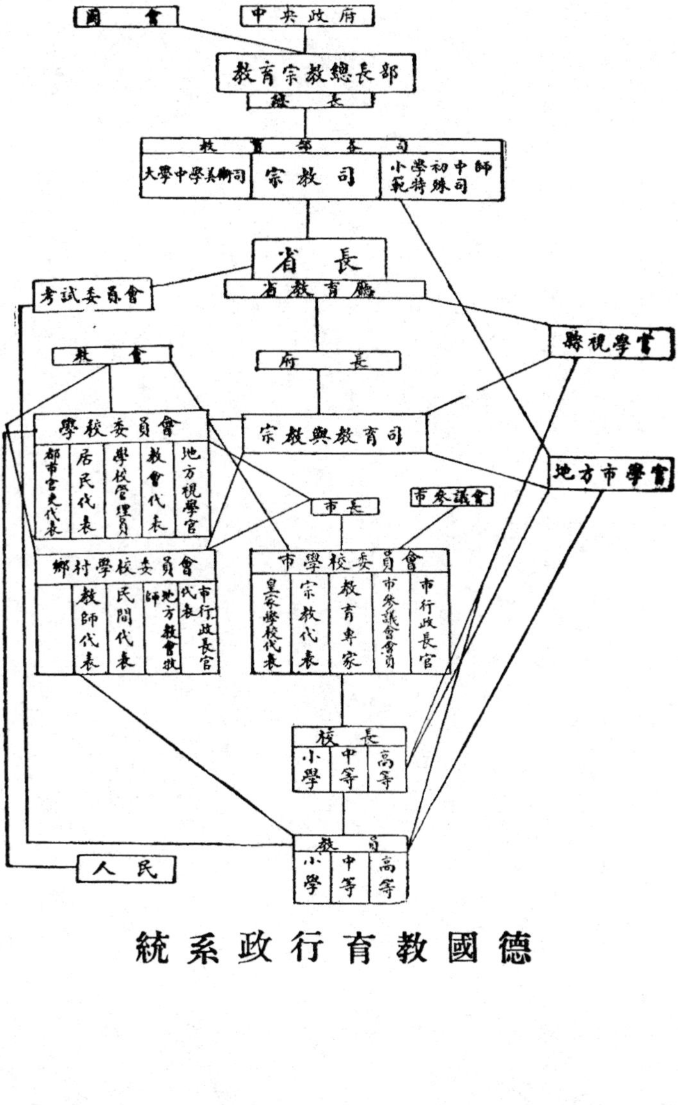
國會
中央政府
教育宗教總長部
總長
教育部各司
大學中學美術司
宗教司
小學初中師範特殊司
省長
考試委員會
省教育廳
縣視學官
教會
府長
學校委員會
都市官吏代表
居民代表
學校管理員
教會代表
地方視學官
宗教與教育司
地方市學官
市長
市參議會
鄉村學校委員會
教師代表
民間代表
地方教會牧師
市行政長官代表
市學校委員會
皇家學校代表
宗教代表
教育專家
市參議會會員
市行政長官
校長
小學
中等
高等
教員
小學
中等
高等
人民

德國教育行政系統

爲六年。市教育委員會職權爲：（一）管理學校建築，（二）購置學校設備，（三）任命教員與校長而呈請縣教育長官批准，（四）規定教員薪金標準，（五）編製每年預算，（六）制定課程大綱，（七）編輯及選擇教科書，（八）監督義務教育實施的狀況。縣教育局長，代表中央政府，爲市教育委員會之當然主席。委員會常派教育專家視察地方學校，注意教學情形與學生進步而編成報告書。還有兩種委員會和個別學校有直接關係，即都市學校委員會與鄉村學校委員會（Schulkommission）。都市學校委員會由市長任命之官吏地方視學官，牧師，教師，及居民代表組成之，委員均由縣政府任命。每校均有一學校委員會，其責任爲：（一）對教員選擇的發言權，（二）協助學校訓育的實施，（三）獎勵義務教育，（四）增進家長與學校的諒解，（五）捐集救濟貧苦學生的基金。

德國視學官有兩種：即區視學官（Kreisschulinspektoren）與地方視學官（Ortsschulinspektoren）。區視學官多係師範學校教師出身而曾受過大學教育者，由縣教育司長推薦而由教育總長任命。其職權爲：（一）管理及指導小學教育，（二）

代表縣政府及教育廳視察教育情形，（三）指導地方視學官，（四）訓鍊，警告，懲罰教員及校長，（五）每月召集教員開討論會一次，（六）輔導教學練習生，（七）批准課程大綱及時間表，（八）視察學校建築與設備，（九）調查學生入學事項，（十）作報告呈送縣教育司。地方視學官多爲牧師，其職權爲出席學校委員會，監督學生考試，呈送報告於區視學官等，與區視學職權略同，惟和教員比較更接近。下面有個簡明的德國教育行政系統圖解，請讀者查閱，便知德國制度的集權精神。

三　英國

英國對於教育素來採取放任主義，而英國國民性又絕對維護自由；所以教育行政系統彈性極大，而沒有法德兩國整齊劃一的精神。大部分教育權都歸地方，而中央毫無操縱約束的權限；最近雖有集權的傾向，但英國教育制度仍算全世界最富有伸縮性的制度。中央有教育部，成立於一八九九年，由教育總長一人，祕書五人，財政部委員一人，財政總長一人組成之。教育部直接對國會負責，其職務如下：（一）指導公共教育事業，（二）分配國會所頒發的教育補助金，（三）編製法令，備忘錄，教員南針(Suggestions to Teachers)等，以求得教育上適宜之統一性。教育部除分配補助金外不能管轄大學。

教育部內有審查員(Examiners)，由教育總長任命，其職權為：(一)統計，(二)接收及編輯視學官之報告書，(三)編輯年報，規程，(四)接收及保管公文。教育部內又有若干視學員由教育總長任命。英國全國分九個視學區，而每區視學機關又分小學中學補習學校三部。全國視學官分為六等，即視學長，區視學，普通視學，分視學，助視學，視學練習員(Junior Inspector)。其職權為：(一)視察指定學校，(二)批准課程與功課表，(三)報告學校教學計劃，設備等，(四)討論及修正主席教員所擬定之課程大綱，(五)與教員討論教學上的困難。教育部還有兩個直轄機關。其一為參議會，共有會員二十一人，代表教育界各方利益與意見，其職權略如法國的高等會議，專討論教育部交來事項。其二為特別調查與報告委員會，其會員由教育總長任命，其職權為調查及報告世界教育情形。

英國地方教育行政區域約分四種：(一)「府區」為政治管轄的單元，現全國共有五十府，(二)「府市區」卽居民五萬以上的都市在一九一四年時英國約有七十四個，(三)「小府市區」卽居民一萬以上五萬以下的小都市在一九一四年時約有一百二十三個，(三)「市區」卽府區的單元，約有居民二萬，在一九一四年時約有四十個。府區與府市區能管轄各級學校，而小府市區與市區只能管轄小學教育。各區教育機關的組織彷彿相同，現只說府區的教育行政系統。府區有教育委員會，爲教育上立法機關，其委員由府議會議員及教育機關代表組成之。人數不等，多則五十人，少則十五人，而平均爲二十五人，其中均有女代表若干人。人數的分配，約有三分之二爲府議會代表，三分之一爲教育機關代表。教育委員會的職權如下：(一)討論及建議一切重要教育事務如預算，政策，課程，調查，建築，設備，入學等，(二)組織分委員會共有十二人，分高等，中學，小學，夜學，學校管理，入學，教育經費等委員會。府區教育行政長官爲教育局長，由教育委員會任命，有祕書，書記，小學，中學等股，協同視學官，學科指導員，入學監察員，管理一切教育事務。

大抵英國教育行政最注意地方，所以地方教育權限應特別說明一下。分開來

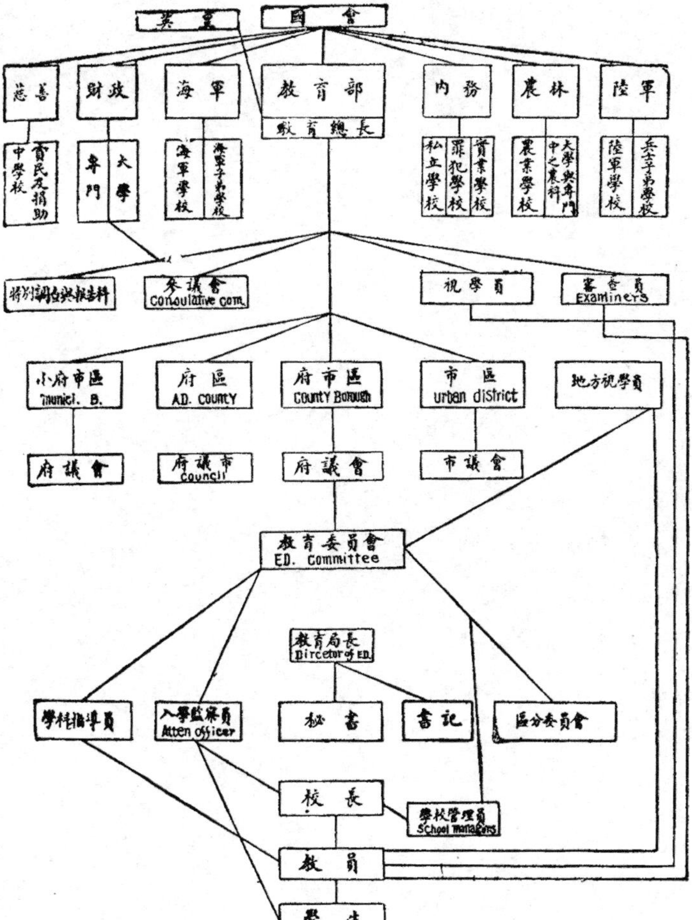
英皇
國會
慈善
財政
海軍
教育部
教育總長
內務
農林
陸軍
貧民及捐助中學校
大學專門
海軍子弟學校
海軍學校
實業學校
罪犯學校
私立學校
大學與專門中之農科
農業學校
兵士子弟學校
陸軍學校
特別調查與報告科
參議會
Consulative com.
視學員
審查員
Examiners
小府市區
Munici. B.
府區
AD. County
府市區
County Borough
市區
urban district
地方視學員
府議會
府議市
Council
府議會
市議會
教育委員會
ED. Committee
教育局長
Director of ED.
學科指導員
入學監察員
Atten officer
秘書
書記
區分委員會
校長
學校管理員
School managers
教員
學生

英國教育行政系統

說約有十六種：卽（一）設立各級學校，（二）接收與分配國會補助金，（三）徵收地方教育稅，（四）辦理十六歲以下的小學教育，（五）辦理中學及高等教育，（六）訓練地方師資，（七）給與獎學金與助學金，（八）檢驗學校醫院，（九）賑濟貧苦學生，（十）辦理建築設備，遊戲場事項，（十一）檢定教職員資格，（十二）制定入學監察細則，（十三）辦理各級教育機關聯絡及合作事項，（十四）辦理教育機會均等事項，（十五）介紹實業科目及其他特殊科目，（十六）介紹學生及畢業生職業。

四　美國

美國教育行政制度，如同英國一樣，都是自由演進的結果；所以各邦有特殊制度，而並無所謂國家教育行政系統。美國內務部有教育司，其職權爲：（一）搜集各種教育消息，（二）傳達各種教育消息，（三）獎勵全國教育事業。教育司分十一科：（一）大學教育科，（二）鄉村教育科，（三）城市教育科，（四）服務科，如學校衞生，實業教育，家事教育，商業教育，外國教育等，（五）編輯科，（六）圖書科，（七）

統計科，（八）亞拉斯卡教育及學校醫院科，（九）文書科，（十）郵信科，（十一）打字科。美國教育司不過爲全國教育消息傳達的總機關，對於各邦的教育沒有半點支配的權力。一九二二年美國國會有 Smith-Towner 議案及 Towner-Sterling 議案提議，將內務部的教育司升爲教育部，但都未通過。

省區或邦區有教育局。有省教育局的有四十二邦。省教育局會員大多數爲省長所任命，亦有全體由人民選出者。人數不等，少者三人，多至十三人。任期自四年到六年不等。其職權亦各省不同。如 Alabama 的省教育局職權極大，能制定教育法令，規定學校標準，編製課程大綱，審定教科書，檢定教員資格，視察學校，執行法令，檢查體格，接收私立學校報告，調查教育狀況，辦理特殊教育等。每省或邦又有省教育局長。通稱爲 Superintendent of PublicI nstruction。任期多爲四年，其選出方法多數由人民公選，間亦有由省長任命或教育局任命者。其職權爲執行教育局決議與政策。

地方教育行政區域約分爲三種，即城區，縣區，與府區，而最近趨勢多傾向於以

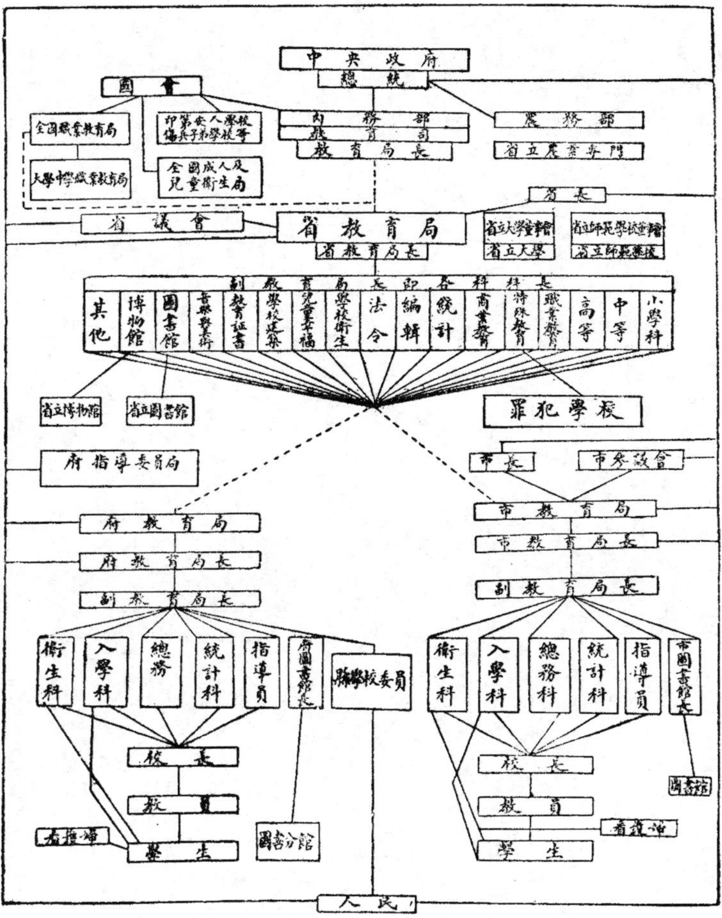
中央政府
總統
國會
內務部
教育司
教育局長
農務部
省立農業專門
全國職業教育局
大學中學職業教育局
全國成人及兒童衛生局
省長
省議會
省教育局
省教育局長
省立大學董事會
省立大學
省立師範學校董事會
省立師範學校
副教育局長即各科科長
其他
博物館
圖書館
教育証書
學校建築
兒童幸福
學校衛生
法令
編輯
統計
商業教育
特殊教育
職業教育
高等
中等
小學科
省立博物館
省立圖書館
罪犯學校
府指導委員局
市長
市參議會
府教育局
府教育局長
副教育局長
市教育局
市教育局長
副教育局長
衛生科
入學科
總務
統計科
指導員
府圖書館長
縣學校委員
衛生科
入學科
總務科
統計科
指導員
市圖書館長
校長
教員
看護婦
學生
圖書分館
校長
教員
看護婦
學生
圖書館
人民

美國教育行政系統

府區爲教育行政單位；現在美國以府區爲單位者約有三十八省之多。各教育行政區域有如下的權限：（一）徵收地方教育稅，（二）劃分學區，（三）支配教育經費，（四）聘任校長及教員，（五）選舉教育局及教育局長，（六）規定課程大綱等。

都市教育行政系統發達最早，組織亦最嚴密，而適合科學原則。每市有教育局，委員七人或九人任期三年或五年，每年改選其中三分之一，多數由人民直接選出，爲純粹立法機關。其職權爲：（一）保管校產，（二）社會調查，（三）任命學校衛生檢查員入學監察員，視察員，（四）任命校長與教員，（五）批准教育局長所提出之課程大綱與教科書，（六）批准特別教員與視察員的聘任，（七）管理圖書館並任命館長，（八）任命祕書與庶務員，（九）購置學校用品，（十）保管文件，（十一）批准議案，（十二）發出通告，（十三）簽定契約，（十四）發給教師文憑，（十五）編製統計及賬目，（十六）徵收教育稅，（十七）批准預算案等。

市教育局長爲教育上執行的長官，多由教育局聘任，任期無定。其職權爲：（一）

執行教育政策，（二）代表市教育界，（三）視察學校與圖書館，（四）推薦，指派，調動，停職，升格，罷免教員及校長，（五）指導校長及教員召集教師會議，組織教師讀書團，（六）檢定及考驗教員，（七）解決教育界紛爭，（八）編製課程大綱，（九）建議變更學校的校址與組織，（十）建議設立新學校。

第二章　歐美教育行政系統之批評

上章已說明歐美主要國度教育行政系統的現狀，我們第二步的工作是要列舉各國教育制度的利弊，使吾輩知道怎樣效法其優點而避免其流弊。

一　法國

法國現行教育行政制度爲拿坡崙所手創，經過拿坡崙第三的修正後，直到今日，差不多沒有什麼修改。法國政治雖是民主共和，而教育則完全沿襲帝政時代的遺制；所以法國教育制度的弊病很多。法國教育制度第一個弊病，就是中央集權過分。全國教育大權集中於教育總長一身，其指令，告白，訓話，幾等於法律；全國教育行政官吏及教師都要奉命唯謹，不敢稍存觀望。最高會議雖能貢獻一點意見，但不能强迫教育總長容納其意見；最高會議一切建議，都要經過教育總長批准，始能發生效力。總長又能任命及革退各大學區的大學院長並有組織嚴密的視學機關爲其耳目；所以中央教育機關對於地方教育機關能指揮靈便，如身之使臂，臂之使指。凡關於教育事項全國省長，縣長，市長，區長，乃至小學校長，及教師都直接受教育總長的支配。地方教育既事事受中央箝制，雖有特殊需要而無從得其適應，雖有進步計劃而無從求其實現。並且地方教育機關，事事依賴中央的指導，足以助長其惰性而養成機械服從的惡習。中央方面因疆域太大而情形太複雜，又難統籌全局，而樹立一適合全國的教育制度，所以發生許多削趾適履的流弊。

法國教育行政制度第二個劣點是過分的整齊劃一，而沒有自由伸縮的餘地，與自由演進的機會。法國教育太偏重法令與規程；全國教育界都拘守一定規則與手續，而不能稍有出入；所以教育制度像鐵石般的强硬，而不能隨時變化；無論世界潮流激進到何等田地，教育制度仍是故步自封。法國學校的建築，設備，師資，課程，教授法，訓育考試，都遵守一定的標準，好像印板文章，千篇一律。法國某教育總長常侈言他能隨時說出全國學校各門功課教到某篇某章某節，足見法國學校的整齊劃一。但從進化原理上觀察，這正是法國教育制度的致命傷。大抵有變異而後有比較，有比較而後有競爭與進化。假使法國教育制度不改革，法國教育很難進步。

法國教育行政制度第三個劣點是通俗民衆對於教育政策沒有發言權，而在教育機關內沒有適宜的代表。高等會議，大學區教育參議會，省教育參議會，市教育參議會等，都是教育上重要的立法機關，但其中會員都是教育行政長官，視學官，教育部代表，大學代表，中小學教師代表等，而沒有半個通俗民衆的代表，這不能不算一種大缺憾。大抵官吏與智識階級有時興趣太片面而眼光太褊狹，不能顧及通俗民衆在教育上有什麽需要，希望，意見與批評；結果，教育與社會分離而變成貴族化，甚至變成擁護資本階級，統治階級，智識階級利益的工具。並且教育會議的代表都是由政府任命或少數學術界所選舉的，而通俗民衆不能參預，這種包辦式的方法也違反平民主義的精神。

法國教育行政制度第四個劣點是教育機關常受政潮的支配。法國內閣運命最短促而常常更動；內閣更動一次，教育總長也更換一次，各大學區的教育行政長官也有時聯帶的更換一次。全國教育長官好像走馬燈上的紙人物，沒有一個人能久居其位，而澈底實現其教育理想。並且教育總長更換一次，教育政策也改變一次，改變太多，教育事業也不能安穩進展。例如歐戰後法國某教育總長曾下令取消中等學校的拉丁，不久新教育總長又下令恢復拉丁，朝三暮四，使人莫知適從。大抵中央集權制度，都有人存政舉與人亡政息的流弊。幸而有個好教育總長，有高尙的理想與適宜的政策，便能實地施行；但往往實施不久，政局一變，全盤計劃又完全推翻了。

總而言之，法國現行教育行政制度未免太集權，整齊，硬化，而無伸縮性，這不但是世界教育家都有此批評，就是法國前教育總長斯提格（M. Steeg）也老實承認這種缺憾。美國康得爾（I. L. Kandal）教授說得好：「法國教育第一步的改革應打破中央集權制度。假使國家與地方需要欲得充分的適應，在教育行政上應有某種程度的伸縮性，而使教育機關與各種經濟的實業的利益切實合作。現行教育行政制度，全靠文字與命令的約束而毫無人格的親切的輔導。法國教育的希望在付予地方以多量的自由」(U.S. Bureau of Ed. Bulletin, 1919, No. 43)。我們改造中國教育行政系統時應該竭力避免（一）過分集權，（二）過分劃一，（三）漠視民衆意見，（四）捲入政潮漩渦的流弊。

但是法國教育行政系統也有許多優點，而爲中國所應當取法的。法國教育行政制度第一個優點是行政效率最高。上章已經說過，法國教育機關如身之使臂，臂之使指。因爲運用靈便，所以行政效率異常偉大。凡屬教育興革事項，只要教育部下一道命令，不久便可風行全國；比較英美二國簡直加倍敏捷。這是什麼緣故呢？第一，因爲法國教育大權都集中於中央，中央的命令全國絕對服從，朝令夕行，毫無遲疑觀望的餘地。第二，因爲教育機關的職權劃分得清楚，各人都有專責，各人都知道自身要做的事情而不能互相推諉。例如大學院長職權如何，省長職權如何，大學區教育參議會能管轄何級教育，省教育參議會能管轄何級教育，都有明白規定，不容一毫半釐的含混。第三，因爲教育行政的分工很精密，所以工作效率也高。例如全國視學官有幾級，而每級分擔一種特殊工作，並且常以學科爲單元，而每視學官祇視察一種科目的教學。

法國教育行政制度第二種優點，是全國成績標準很高，而整齊劃一。法國中等學校學生的成績，遠出英美同等學校之上，這是世界教育家所公認的。並且視學官常躬親考驗學生成績，其目的在提高全國學校的程度，而不准一個學校落在後面。對於師資的檢查，也有全國一致的標準，所以法國中小教師，都有充分的教育，與豐富的經驗，而毫無濫竽充數的弊病。課程教科書，也是全國一致的，其內容都豐富精密，而最適合論理的原則。全國學生所讀的教本既屬一致，其知識程度當然相差有限了。在學校設備，建築衞生上，也有國家最低標準，無論公立私立學校，都要努力趕及或超過這個標準。總而言之，法國不但有教育機會的平等，還有教育成績的平等，這是英美二國所不及的。

法國教育行政制度第三種優點，是注重專家的指導。在教育行政機關上所用的人員，如教育部司長，大學院長，視學官等，都是教育專家，而在教育理論上及實施上有相當貢獻的。全國視學官多爲退職的教師，其所視察的科目，卽是其往日所教授的科目，所以他們的批評與指導，對於教師均有深切的幫助。就是全國教育上的立法機關如高等會議。教育參議會，大學區教育參議會等人選，也注重專家的登庸。這些機關內的代表，多半是大學校長，教授，中等學校，師範學校，小學校，幼稚園的教職員，及其他學術團體的會員。他們對於教育事業都有熱烈的同情與深刻的研究，所以在教育立法或司法上，總不至說出外行話來。簡單的說；法國人相信教育事業，如同醫術或工程，都要十二分的信賴專家，纔不至鬧出亂子來。

法國教育行政制度第四個優點，是其嚴密的立法或顧問機關，及其精密的視學制度。法國在中央有高等會議及教育參議會，備教育部的諮詢，在各大學區有區教育參議會，備大學院長的諮詢，往下類推，有省，縣，市教育參議會，備省長，縣長，市長的諮詢，最後則每高等小學有家長委員會，備高小校長的諮詢。這些顧問機關，雖然在實際上沒有什麼大權，但在輿論上有偉大的影響，至少可以防止集權制度的流弊。視學制度的嚴密，尤爲他國所不能及。全國視學官都是專家，並且分工精細而各有專責。各級視學官也有適當的聯絡，中央視學官對於低級視學官，能指揮裕如，像身之使臂，臂之使指。並且低級視學官須將視察情形，隨時呈報於更高級視學官，輾轉上推到教育總長；全國視學制度都有一貫的精神。

法國教育行政制度第五個優點，是宗教與教育分離。法國教育行政機關上，絕對不容許教會盤據，在各級教育參議會內沒有宗教代表，在學校裏也沒有強制讀聖經的制度。這種政策在法國實行已經幾十年了，西洋各國沒有能像法國這樣徹底，因爲法國教育界不但不信任宗教，而且有仇視宗教的傾向。他們的根本信仰是以美育及公民教育代宗教教育。總而言之：中國改造教育行政系統時所應取法於法國的是：（一）行政效率，（二）標準劃一，（三）尊崇專家，（四）嚴密的顧問機關及視學制度，（五）宗教與教育分離。

二　德國

德國教育行政制度和法國一樣，都是中央集權制度，其利弊也同法國一樣；不過有兩點應該特別說明。第一，德國教育行政制度，比較法國還要加倍專制，毫無平民精神。在德國教育制度之下，人民對於教育政策沒有半點發言權；在中央各邦各府，又沒有教育上立法及司法機關，備教育行政長官的諮詢。普通市及鄉村雖然有學校委員會，但多數委員都是政府任命的，不能代表民衆意見。教育大權都集中於邦政府，一切教育興革事項，都靠命令及告白的支配，使全國教師校長只知機械的服從，而不能自由試驗其理想。戰後新憲法對於學校類別，義務教育年限，師範教育的升格，教師權利等雖有進步的改革，但教育行政系統本身仍是承襲帝政時代的遺制。第二，在德國教育行政制度之下，教會對於教育的影響太大。戰前中央教育機關稱「教育宗教部」，就是宗教與教育合一的表現。各種學校委員會都要受教會的支配，其所擬定的教育政策，課程大綱等，都要經過教會的批准。最奇怪的是和教師最有直接關係的地方視學官，都是本地方的牧師；他們不但能監督各學校的宗教教學，還能視察及輔導一切學科的教學。戰後雖有宗教與教育分離的傾向，但各邦情形不同；德國南部各邦仍是嚴守傳統的制度。現在地方視學官雖未必是牧師，而多數教員也反對牧師干涉宗教以外的學科；但勵行宗教與教育分離政策的邦區，仍屬最少數。況且德國中小學裏仍有强制讀聖經的辦法，可見積重難返，不是短時間所能革新的呵。總而言之：我們所應當取法於德國教育行政制度的很少，而對於過分集權及宗教與教育合一兩點，尤其應該引爲殷鑑。

三 英國

英國教育行政制度代表地方分權的精神，和法德二國正立在反對的地位；法德二國教育行政制度的優點，正是英美二國的弱點，英美二國教育行政制度的長處，又正是德法二國的短處。英國教育行政制度，第一個弱點，是制度過分複雜，而程度參差不齊，教育機會不平等。英國教育行政系統是自由演進的結果，各地方制度不同，五光十色，應有盡有。有的制度非常完密，有的制度非常簡陋。地方教育制度無論壞到什麽田地，除非自身覺悟而情願改革，中央政府沒有方法强制其放棄傳統的制度。教育經費的徵收與支配，又全歸地方辦理；結果，有的地方很富庶，經費充足，個個兒童都有求學的機會，有的地方很貧苦，經費竭蹶，許多兒童沒有受良好教育的機會。還有些地方雖然很富庶，而地方人民漠視子弟教育，不肯多出金錢去辦理學校，但中央並沒有方法强制地方增加教育經費。學生程度更是參差不齊，有的學校成績優良甲於全世界，有的學校成績壞到不可思議的田地。中央教育機關在文字上雖然規定了最低標準，但在實際上又不能强迫地方嚴守這個標準，這是一個大毛病。

英國教育行政制度第二個弱點，是行政效率不高，教育上興革事項，都有種種牽制而不能順利進行。行政效率低減的最大原因，就是職權劃分得不清楚。例如陸軍，海軍，農林，內務，財政，慈善各部，都設立許多特殊學校，而不受教育部的管轄。各大學及專門學校，本應歸教育部直接支配，但實際上反受財政部的約束。教育部與他部職權既是常起衝突，教育部很難行使其職權。教育部本身的職務亦未明白規定，我們很難知道該部到底能做什麼或不能做什麼。嚴格說起來：教育部不過是一「教育消息流通處」，亦並無若何職權。教育部內組織不完備，分工不精細，對於中小學等並無專科司其事。視學制度雖稍有規模，但中央視學官與地方視學官的關係及權限，並未劃分淸楚。並且視學官職權太小，除報告情形及貢獻意見外，不能督率教師改善其教學法。

英國教育行政制度第三個弱點，是宗教與教育的關係太密切。小學教育的大權，都操在教會牧師手裏，「國家教會」及「英倫與外洋教會」的勢力尤其偉大。政府對於教會所設立的學校每年有大宗補助金，但政府並沒有權利干涉其組織與課程，且除非出於教會學校自動的請求，政府亦不能視察這種學校。此外私立學校的數目太大，在教育行政系統上自成一組織；並且這些私立學校，又帶貴族色彩，違反平民教育的精神。我們改造中國教育制度時，應竭力避免英國教育的毛病；卽（一）標準參差不齊，（二）教育機會不平等，（三）教會學校與私立學校的過分發展。

但英國教育行政制度自有許多好處。論列於左：

第一，英國教育行政制度能獎勵地方自由試驗。教育大權全操在地方教育機關手裏，能決定政策，編製預算，擬定課程大綱，任命及罷免教師及校長等。因此，地方人民都深切的感覺其責任的重大而欲利用其自由與權限，以創造其理想的教育制度。大抵英國人最愛自由與創造，而不願受政府過分的干涉。在進化原則上有自由而後有變異，有變異而後有競爭，有競爭而後有進步。英國教育行政制度的根本原則，是採取放任主義，讓各地方根據其環境與理想自由試驗；俟各種制度實施有結果時，然後互相比較，互相觀摩，纔能創造一最完美的教育制度。地方分權制度最大的利益便是使地方自動的改進教育，養成獨立，勇敢，實驗，創造的精神，並能培養民衆對教育事業之濃厚的興趣。有人說英國教育的中心是各學校的教員，因爲他能獨立編製其課程大綱，選擇其教科書，運用其教學法而不受任何外界威權的干涉。視學官及校長，祇能對教員提出改良意見，而採納與否，教師仍保留其絕對的權利。因此，英國第一流人物，都願意從事教育，以實現其理想。從事教育的人既是國內英俊，教育的進步自然加倍的迅速了。

第二，英國教育行政制度能適應地方需要。大抵教育與社會有不可分割的關係，教育上一切設施多少要帶點空間性。換句話說：一切教育都要適應地方需要。但地方需要只有本地方人纔能認識淸楚。高高在上的中央政府，那能洞悉各地方的特殊情形！最好的辦法，是讓本地方人規定其教育政策及其實施的歷程，纔能充分適合其迫切的社會需要。英國教育上立法權都付予地方教育委員會，這些教育委員會對於教育政策，課程大綱，師資人選，教授方法，經費分配等都有絕對支配的權力。自一九一八年費虛議案通過後，地方教育計劃，須呈報教育部得其批准，但實際上教育部很少駁斥地方計劃，所以地方在教育上威權還是很大。英國教育普遍的發達，雖未必能趕上德國，但適應地方需要遠非德法二國所能企及呵！

第三，英國教育行政制度能充分代表民衆利益。在中央有教育參議會備教育總長的諮詢，在地方有教育委員會爲立法及司法機關。參議員及委員的選出，多由人民直接選舉，很適合平民主義的精神。並且各委員會能代表農工商各界利益，不像法國的參議會只代表官吏和專家的利益。教育委員會又能任命及罷免教育行政長官，更合平民原則，不像法國的參議會只是教育長官的顧問機關而已。第四，英國教育部的調查司，專調查世界教育情形以資教師的參考，又嘗將本國新教育試驗及新教學方法，印成單行本名「教師指南」(Suggestions to Teachers)也是我國所應該效法的地方。康得爾 (J. L. Kandal) 對英國教育行政制度有個總批評說：「英國是一個教育試驗場，從那裏發生許多偉大的貢獻，可以調和中央與地方在教育權限上的衝突，及充分實現教育機會均等的理想」(Educational Review, Feb., 1922)。總而言之：英國教育行政制度有幾點爲我國所應取法：（一）獎勵教育自由試驗與地方自動，（二）適應地方需要，（三）充分顧及民衆利益。

四　美國

美國教育行政制度和英國同爲地方分權制，其利弊也相彷彿，我們不必贅述；但有三點應特別說明。第一，美國教育行政制度分權的程度，比英國還加倍的大。美國四十八州有四十八樣的教育制度。中央政府並沒有教育部，惟在內務裏有教育司；但其職權頗似全國教育通信社，對於各邦教育毫無支配的權力。第二，在美國教育行政制度之下，自由試驗的精神，比較英國也加倍的濃厚，因此教育進步也特別迅速。凱欣司泰奈(G. Kerschensteiner)曾說「世界教育未來的希望在美國，因爲在那裏有最多教育新試驗。」第三，美國教育行政系統最完善的是都市教育行政。在市教育行政系統之下，教育局代表民衆利益，教育局長代表專家意見，前者專司立法，後者專司行政，分工既細，組織又嚴，是中國所應取法的。

總而言之：我國建立新教育行政系統，應竭力調和法德的集權制與英美的分權制，應儘量採取法德英美的長處而避免其短處。換句話說：我們一方面應顧及（一）行政效率，（二）最低標準，（三）專家意見；他方面又要顧及（一）自由試驗，（二）地方需要，（三）民衆利益。

第三章　改造中國教育行政系統之原理

在上兩章我們已經說明了歐美教育行政制度的現狀及其利弊，本章職務在根據歐美教育行政制度的現狀及其利弊，抽出幾個根本的原則。但在本章所謂原則，並非純粹主觀的理想而不顧客觀的事實；我們所建立的原則要顧到中國現在的國情。據我們看起來：中國要改造教育行政系統，應根據五個基本原則。

一　調和中央集權與地方分權

中國教育行政系統，應採取集權制抑採取分權制，實係一重要問題。在一方面看起來我國應該採取集權制，其理由約有五種：

第一，集權制能促進國民革命與中國統一。目下國民革命的障礙很多，而國民革命的勢力尚未團結起來；但團結革命勢力最穩固而有效的辦法，就是將全國教育大權集中於中央政府之下，由中央政府幹部根據三民主義，規定教育計劃與實施方策，並派遣練達黨員到各省區執行其計劃。依照這個辦法，黨政府可培養國民革命新戰士，而將國民革命建築於青年之上。況且目下的中國是四分五裂的中國，在政治上，經濟上，思想上，語言上，風俗人情上，都互相逕庭。假使沒有一種力量去排除這些異點與隔閡，中國很難變成統一的鞏固的獨立的國家。什麼是這種力量呢？就是集權制的教育。教育集權纔能傳播文化上的普通思想，有文化上的普通思想，纔能樹立政治上經濟上國家統一的基礎。

第二，集權制能增進行政效率使教育改革加倍迅速。中國目下正在新舊過渡時代，在教育上有大規模破壞與建設的必要。假使我們要大規模的破壞舊教育制度與勢力，而重新創造新教育制度，並在最短時間內實地施行，我們除掉採取集權制的教育行政制度，毫無辦法。中國舊教育制度弊病很多，而各教育機關又多為舊勢力所盤據，根深蒂固，非有偉大勢力集中目標，不能收徹底廓清的效果。假使我們採取放任主義，讓各地方自由改革其教育，那嗎，教育界的反革命份子，正可假借自由的美名，去維護他們的巢穴了。況且中國地方極大，要實行義務教育，是一件最困難的工作，中央政府應該嚴厲督促地方纔能在最短時間內達到普及教育的理想。假使事事任憑地方自由，不知道什麼時候纔能普及教育呢。中國時機極緊迫，教育不迅速改革，國家前途實在危險，而在這改革時期及革命時期中，我們非採取集權制不可。

第三，集權制能樹立整齊劃一的教育標準。目下中國教育界紛亂到十二萬分了。教育經費上毫無一定標準；有的學校天天鬧窮，有的學校事事浪費；有的地方經費充足，有的地方萬分貧乏。教師薪金也無一定標準；同是小學教師，有些地方薪水每月高至二三十元，有些地方低至月薪四五元。學校建築設備也沒有確定的標準；有的學校設備可比歐美，有的學校連黑板也沒有。教員資格也是參差不齊；無論什麼人，只要認識幾個字，便可以當小學教員。學生程度更是參差不齊，有的可以比得上世界最好的學生成績，有的壞到不可思議的地步。同是大學畢業生，北京國立大學和私立大學便有差別；同是小學畢業生，江蘇小學和甘肅小學便有天淵之別。要實現三民主義，應該使全國教育平均發展；要使教育平均發展，應該採取集權制，規定全國最低標準。

第四，集權制能實現教育機會均等的理想。各省區因貧富不均，兒童受教育的機會也不能平等。譬如江蘇是全國財富之區，納稅能力很大，教育經費很充足，學校很多，全省兒童比較有更多的求學機會。但是甘肅，陝西，貴州，雲南，新疆等省區地瘠民貧，教育經費不充裕，學校數目太少，兒童求學的機會就很難得了。中國還有許多地方本來很富庶；不過該地人民對教育沒有興趣，不肯多出金錢來辦學校。又中國現在學校都收學費，尤其是中等以上的學校；因此大多數農工階級子弟無力進學校，而受教育變成資產階級的特殊權利。假使我們採取中央集權制，對於貧瘠省區，中央可給予補助金，對於漠視教育的省區，中央可强制其增加教育預算，並督促各省區勵行義務教育而不收學費。依照這樣辦法，生在伊犂的兒童和生在上海的兒童，生在廣州的兒童和生在唐努烏梁海的兒童，有受同等教育的機會。

第五，集權制能聯合各種教育機關以改進教育事業。目下中國教育機關很多，而沒有一種勢力把他們聯合起來，實在是一件很不經濟的事情。各省區有教育行政系統，山西的教育機關和江蘇沒有相當聯合，黑龍江的教育機關又和廣東沒有關係。又全國各種教育團體如各省教育會聯合會，平民教育促進會，科學社，學藝社等，對於教育既有相當貢獻，也應該在同一中央機關之下通力合作。又如庚款機關也很多，如俄庚款委員會，英庚款委員會，中華文化教育基金委員會，法庚款委員會，中日文化事業委員會，都各樹一幟，而不肯互相合作。假使有集權制的教育行政系統，中央政府便可將一切省區教育機關，全國學術團體，各庚款委員會聯合起來，合作互助，通盤計劃，那嗎，教育效果一定事半功倍了。

但在他方面看起來：地方分權也未嘗無好處。論列於左：

第一，分權制能適應地方需要。中國幅員太大，各處情形不同；廣東的環境和蒙古不一樣，滿洲環境又和西藏不一樣。各地方自然的和社會的環境既屬迥異，教育政策也不能强同。所以我們應讓地方自身抉擇其教育方針，規定其教材與方法，纔能適合該地方的特別需要。假使中央集權過分，則所定教育政策適合甲地，又未必適合乙地，結果不是削足適履，便是敷衍了事。

第二，分權制能奬勵教育自由試驗。教育本是一種創造事業，全靠各地方自動努力，不受外界威權的干涉，纔能樹立嶄新的教育制度。況且中國教育制度本是呆板的，而中國教育界人士又正缺乏創造的獨立的自動的精神；假使我國採取集權制，使全國教師都機械式的俯首聽命於中央政府，不更使教育硬化而遏滅進化的種子嗎。地方政府有自由而後有試驗，有試驗而後有比較與進步。三民主義的教育是自由的教育，是活潑潑的教育。我國所急需的是變異，不是劃一，是試驗，不是因襲。

第三，分權制能培養人民對教育的興趣。教育發達，全靠人民對教育的興趣與信仰；假使人民對教育沒有興趣與信仰，無論中央政府怎樣的强制地方去整理教育，也是勞而無功的。大抵興趣的發生根於活動的參加；人民對於教育活動參加的機會愈多，則對於教育事業的興趣愈濃厚，而對於教育的信仰愈深切。分權制使民衆儘量參加教育事業，如選舉教育委員任命教育局長編製預算規定政策編製課程大綱等，都能引起社會對教育的興趣與信心。假使中國採取集權制，事事聽中央指揮，地方人士毫無運用思想的機會與必要，人民對於教育自然沒有濃厚的興趣。

第四，地方分權制能充分利用中國人愛護桑梓的觀念。中國人對於國家觀念雖很薄弱，但對於桑梓卻有熱烈的忠心與同情；我們正可利用這種心理使各地方在教育上互相競爭。例如甲地方教育辦得成績昭著時，乙地方人士見了一定會發生景慕心，由景慕他人而自覺慚愧，由自覺慚愧而努力自强。各地方都自强不息，教育事業自然蒸蒸日上了。

第五，分權制能使教育事業超然於政潮之上而得平穩進展。中央集權制有一種毛病，就是使教育事業常捲入政潮漩渦中。中央政局改變一次，教育行政長官與教育政策也變換一次。結果一種教育政策實施得稍有端倪時，卽被人推翻而換一新政策；新政策實行不久，又被人推翻而另換一種政策；沒有一種政策能儘量貫徹。假使地方分權，卽使有幾個地方捲入政潮漩渦，亦不至牽動全局。假使中央不能干涉地方教育，卽使中央政局受搖動，而各地方教育機關仍能保持其相當的獨立。大抵教育事業的效果，須經過長時間的培植始能顯著，所以教育機關應特別保持其獨立始能平穩進展。假使學校常受搖動，教師及校長常存五日京兆之心，也不肯專心辦教育了。

總而言之：絕對中央集權，與絕對地方分權，都是不可能的事。過分集權與過分分權的毛病，法德英美的教育制度，已經給我們許多教訓。我們應該折中集權與分權制，兼收兩種制度的優點而避免其流弊。我們一方面要顧到行政效率，最低標準，國家統一，機會均等，教育勢力聯合；而他方面又要顧到地方需要，自由試驗，民衆興趣，脫離政潮。我們應該在不防礙國家統一中求教育自由，亦應該在不阻遏變異進化中求標準劃一。這種折中辦法，不但在學理上有根據，並且適合世界教育行政最新的趨勢。法德教育界，有一部分人士，已經覺悟他們國家教育行政制度過分集中與硬化，而毫無伸縮的餘地。他們現在正努力求地方分權，不久當能實地改革。反之在英美方面，又有傾向集權的趨勢。如英國自一九一八年費虛議案通過後，地方教育計劃，須呈請教育部批准，地方教育經費不足時，中央須酌量補助，教育部可派遣視學官視察公立私立學校，中央政府發給「議會補助金」時，得强制受補助的學校，適合中央政府所規定的標準——凡此種種，都是傾向集權的表現。又如美國自歐戰時，通過斯密司休斯(Smith-Hughes)議案後，對於職業教育及家事教育，已採取集權的方式。一九二三年又有斯密司道訥(Smith-Towner)議案，及道訥斯特林(Towner-Sterling)議案，建議將內務部教育司升爲教育部，而擴充其職權，雖然沒有通過，足見美國教育行政一種新趨勢。近來美國教育界仍加倍努力，鼓吹教育部的成立，不久定能成功。這樣看起來，法德往分權方面走，英美往集權方面走，大家都要走到「允執厥中」的道路上來，這是我們所得着的教訓。

德國教育家凱欣斯泰奈(G. Kerschensteiner)說『德國教育求統一的程度，實在過分但在美國又過分自由而不注重國家在教育上應盡的義務。在這處，如同在他處，最好的方法，是求得「黃金的中度」(Golden Mean)(U. S. Ed. Bulletin, 1913, No. 24)。』

二　調和專家意見與民衆利益(卽調和學術化與平民化)

在中國新教育行政系統裏，我們應該注重專家精神，還是注重民衆利益呢?這也是一個重要的問題。有些人主張中國教育制度內，應特別尊崇專家的意見，應該格外信任專家，而把教育事業完全付託於專家，其理由約有三種：

第一，祗有專家能規定開明的進步的教育政策。民衆——尤其是中國的民衆——都是盲目的，不知道什麽是社會需要，什麽是世界潮流，什麽是國家利益，兒童幸福，與教育原理。他們當然不知道怎樣去規定教育政策，卽使勉强規定了，也必不能適合地方需要，世界潮流，與教育原理。與其叫盲目的民衆在黑暗中摸索，不如請專家指示南針，省得許多精力。現在教育事業已經漸漸的科學化與專業化了，所以教育事業，應完全付託於專家。祇有醫學專家纔知道病人的真病與醫救的方法，只有教育專家纔知道地方需要，與適合此需要的政策。

第二，祇有專家纔能執行教育政策。教育事業是一種技術，不是人人都能辦理的。要是我們讓通俗民衆去辦理教育，他們一定不知道怎樣下手，卽使倉卒執行，斷不能得着所預期的結果，或耗費許多精力與金錢，而得不償失。爲時間與金錢的經濟及兒童幸福起見，我們只好把執行教育政策一項，完全付託於專家。進一步說，祇有專家纔知道政策的執行是否成功，教育的結果是否優良。民衆對於政策執行後所發生的效果，看不出什麼好處或壞處；卽使知道一點，也不懂好到什麼程度，及壞到什麼程度。祇有鐵路工程師纔能建築鐵路，祇有教育專家纔能執行教育政策。

第三，尊崇專家可以淘汰教育界的濫竽份子。目下中國教育界，爲智識階級，及紳士階級的逋逃藪；凡是在政界工界商界不得志的先生們，都避到教育界來。因此，教育界份子非常複雜，雞鳴狗盜之徒，應有盡有，教育事業便糟到不可救藥的地步。況且中國政局又不安定，政潮變換一次，教育界人員便更換一次，而行政長官又可大安插其私人。假使我們尊崇專家，而只許專家到教育界來，一切濫竽份子定受淘汰，而教育長官也無法安插其私人了。

但主張注重民衆利益的，也有很可動聽的理由：第一，他們以爲注重民衆利益，可以使教育平民化。中國幾千年的教育，都是紳士階級及資產階級的教育，都是維護特殊權利的工具，對於農工商平民階級的利益，沒有一毫半厘的關係。目下的中國教育仍脫不了這種毛病。中國教育爲什麼不與民衆接近，因爲支配教育的人，都是紳士階級，及自矜所謂教育專家的先生們。假使我們注重民衆利益而使民衆參加教育行政，教育設施，一定以農工利益爲前提，學校與社會生活，當加倍的密切了。第二，注重民衆利益，可以培養民衆對教育的興趣與信仰。因爲從前教育是貴族式的教育，對於民衆利益，毫無關係，所以農工階級，對於學校教育，並沒有什麼興趣，有時還懷疑學校教育。假使我們使民衆參預教育行政，使教育充分容納民衆利益，農工階級一定情願多出租稅去發展教育事業。況且使民衆參加教育行政，還有一種教育的機能；民衆在規定教育政策上，要運用觀察力，思想力，判斷力，並可增長其自動的獨立的創造的精神。第三，注重民衆利益，可以培養父母對兒女教育的責任心。假使做父母的，把兒女教育完全付託於專家，而自身對於兒女應讀何書，應做何事，沒有一點發言權，那嗎，兒女教育也不會獲得良好的結果，因爲學校教育，與家庭教育，有不可分割的關係。我們在教育行政上，注重民衆利益，就是要使做父母的，特別注意其兒女教育，而隨時與學校合作。

總而言之：在教育行政系統上，絕對信任專家，與絕對信任民衆，都是不可能的事。最好的辦法，還是保持「黃金的中度。」我們一方面要儘量容納專家意見，利用專家才能，信任專家人格，以求得最經濟最有效的教育政策及其實施之方法；他方面又要充分容納民衆利益，使教育徹底平民化，教人民對教育有濃厚的興趣，與堅定的信仰。我們有兩個根本原則：(一)凡屬教育上普通政策，及增加預算，設立新校等，應由民衆決定；凡屬特殊方針，精細程序，及進行手續，實施方案等，應由專家負責。(二)凡屬教育上立法事項，由民衆支配；凡屬教育上行政事項，應完全付託專家。

這種調和辦法，不但在學理上有相當的根據，並且適合世界教育行政最近的趨勢。法德二國的教育制度，最信任專家，無論立法或行政機關，都儘量登用專家；但近來已經漸漸注意民衆的利益了。如法國每高小有家長委員會，便是傾向民衆利益的表示。又如德國鄉村及都市教育委員會裏也有人民代表，也是傾向民衆利益的一證。反之在英美二國教育行政的趨勢，是注重專家。各教育局長都是教育專家，對於教育有相當的研究與經驗，一切細則的規定，與政策的執行，都完全付託於他們。英美教育界從前都以爲人人可辦教育，現在已漸漸承認教育事業爲一種藝術，不登用專家不成功了。法德與英美兩派本來代表兩極端，近來也慢慢的傾向折中，而漸趨接近了，這也是一個有價值的教訓。

三　調和委員制與領袖制

俄羅斯教育行政系統，從中央到最低級的地方行政區域，都採取委員制，法德便純採取領袖制，英美折中於二種制度之間，而仍偏重於領袖制。中國教育制度，應效法俄呢，法德呢，或英美呢？這是一值得討論的問題。大抵委員制是多頭政治，集合許多首領，採取合議方式，分工研究，共同討論，並分頭或共同執行一切決議案。所以委員制是立法與行政合一的制度。這種制度，當然有許多好處。論列於左：

第一，委員制既採取合議方式，所以有集思廣益及分工互助的利益。在委員制度之下，各教育委員可以各就其見地貢獻意見，互相觀摩批評，必能獲得比較圓滿的結果，因爲多數人的思想總比一人思想更周密。況且教育事業分工漸細，斷非一人所能包辦；委員制能羅致各種教育人才，各委員都可各就其專長分擔各種工作，教育事業自然日趨發達了。

第二，委員制適合平民精神。委員制能防止獨裁的趨勢。凡議決案，都要經過多數通過，任何委員，都不能孤行己意，或强迫他人服從己意。執行決議時，結果的好壞，手續的正當與否，隨時受其他委員的批評與指導。大抵能參加教育行政的人數愈多，便愈適合平民精神，這是俄羅斯教育制度的好處。

第三，委員制能防止教育行政長官的舞弊。大抵一人舞弊容易，大家共同舞弊更難；因爲一人作弊更易守祕密，而大家作弊更難意見一致。況且委員會裏，未必人人都想作弊，大家互相監督，結果沒有一人敢作弊。就是委員會以外的人，要疏通或勾引委員會作不正當的工作，也更困難，因爲疏通多人，比較疏通一人總不容易。濫用私人的病痛，也可減少許多，因爲委員提出人員，須經其他委員的同意。

但委員制也有許多毛病：第一，委員制執有效率不高，集議時又意見紛歧，寶貴時間，多消磨於互相辯論之中。即使委員中有開明進步的主張，而多爲衆議所梗。第二，委員會記錄多嚴守祕密，其弊病有時比領袖制還大。委員個別意見如何，外間無從探悉，更無從監督或糾正他們。即使有人作弊，而被人發覺，各委員可以互相推諉，而不能指出何人作弊。第三，委員制的責任不專。執行議決案時，各委員多互相推諉，而不肯擔負責任。執行有錯誤時，各委員又把責任推到他人身上，或委員會的全體。

領袖制也有許多利益。論列於左：

第一，在領袖制度之下，行政效率更高。一種決議，不必經過長時間的討論，而即可獨斷獨行，省去多少支節問題。執行決議時，不必受他人的掣肘，而可進行無阻。並且領袖制有最高威權，部下有爭執，都可取決於領袖，不像委員制那樣政出多門，不能即時解決一切紛糾。

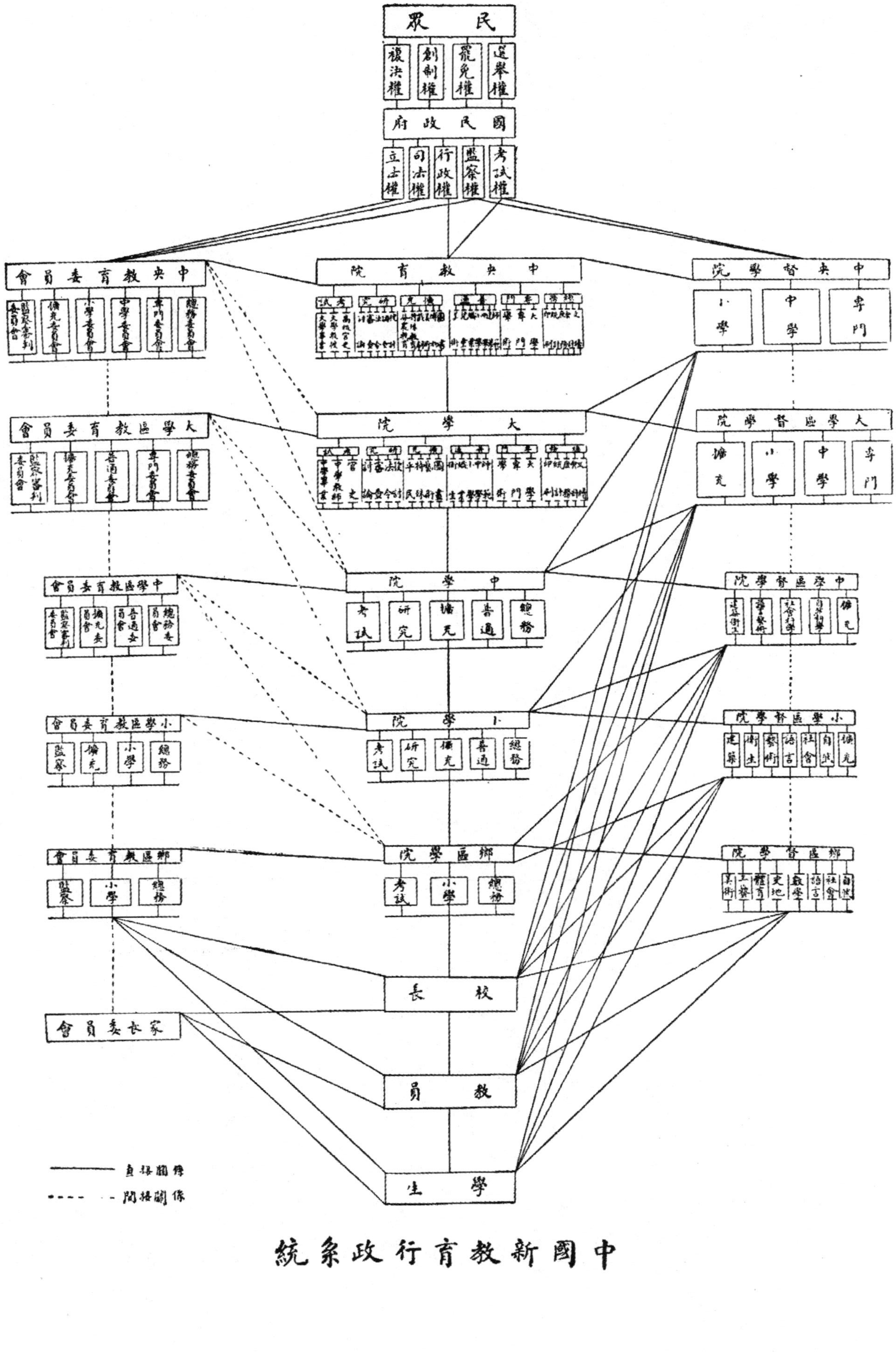
民眾
選舉權
罷免權
創制權
複決權
國民政府
考試權
監察權
行政權
司法權
立法權
中央教育委員會
總務委員會
專門委員會
中學委員會
小學委員會
擴充委員會
監察審判委員會
中央教育院
中央督學院
小學
中學
專門
大學區教育委員會
總務委員會
專門委員會
普通委員會
擴充委員會
監察審判委員會
大學院
大學區督學院
擴充
小學
中學
專門
中學區教育委員會
總務委員會
普通委員會
擴充委員會
監察審判委員會
中學院
考試
研究
擴充
普通
總務
中學區督學院
建築衛生
藝術
社會科學
自然科學
擴充
小學區教育委員會
監察
擴充
小學
總務
小學院
小學區督學院
建築
衛生
藝術
語言
社會
自然
擴充
鄉區教育委員會
小學
鄉區學院
鄉區督學院
美術
工藝
體育
史地
數學
語言
社會
自然
校長
家長委員會
教員
學生
直接關係
間接關係

中國新教育行政系統

第二，領袖制的責任更專。凡領袖所應當做的事，他不能推到旁人身上去；事情做得不好，他要單獨擔負其責任。並且民衆要監督領袖也更容易，因爲一個領袖的活動，最易引起民衆的注目。

第三，領袖制可以處理緊急事項。有許多事時機太迫，不能等待開會議決，須立刻處理，只有領袖制纔能應付這種情況。要是委員制，便不免意見紛歧，貽誤時機了。

但領袖制也有許多毛病：第一，領袖制有獨裁的傾向。領袖總攬一切大權，有時會濫用權威，過分束縛部下，使其絕對的機械式的服從其命令，而遏滅其自動的精神。結果，領袖行爲有錯誤時，無人糾正之，而教育事業，遂不能自由進展。第二，領袖制有腐化的傾向。領袖制沒有互相監督的機能，做領袖的，可以自由任用私人，而營私舞弊，局外人很難發覺其罪狀。第三，領袖制有易受搖動的傾向。領袖制偏重一個人，所以有人存政舉人亡政息的流弊。在委員制度之下，委員會中雖有少數人因故去職，還有一部人可以維持局面。

總而言之：委員制及領袖制，各有利弊，我們應該兼取兩種制度的長處，而避免其流弊。我們一方面要注意行政效率，與執行責任，他方面又要顧到平民精神，合議方式及分工互助。我們所應遵守的原則是：（一）立法，司法，監察機關，應採取委員制，（二）執行機關，應採取領袖制。歐美教育行政，也有這種趨勢。法德本是領袖制，但對於教育上立法機關，如學校委員會，高等會議，大學區教育參議會等，也採取委員制。美國從前教育行政，有幾省也採取委員制，但以後感覺困難，已將執行機能付予教育局長。英國教育制度的立法機關，採用委員制，其執行機關，則採用領袖制，實是一種折中辦法。美國市教育行政，最爲發達，經過百餘年試驗結果，纔演成今日教育家所公認之優良制度。但在這種制度之下，立法機關，也是採用委員制，而執行機關，則採用領袖制。可見調和委員制與領袖制，不但有學理的根據，而且適合世界教育潮流。此外還有教育與政潮分離，教育與宗教分離，打破雙軌學制，實現平民精神等原則，爲篇幅所限，我們不必討論了。

第四章　中國新教育行政系統之說明

我們建設中國新教育行政制度時，除根據上章所述三大原則外，還應在可能範圍之內，儘量應用中山先生所創造之四政權五治權的原理於教育行政之上。照理，我們所建議的教育行政制度，應分爲五大系統，以適合中山先生五權分立的原則，但在此草創時代，規模似應暫從單簡，而分爲三大系統，就是：（一）學院系統，行使行政權，及考試權，（二）會議系統，行政司法權，立法權，及對行政長官的監察權，（三）督學系統，對各級學校之校長，教師，及學生行使其監察權，及考試權。對於這三大系統的支配與運用，則於可能範圍之內，酌量付予民衆以選舉權，罷免權，創制權，複決權。我們所建議的教育行政系統，是根據歐美經驗，教育原理，中山主義的教育行政制度以下是這系統的大綱與說明。

一　中央教育委員會

這是全國教育上最高的立法，司法，與監察機關，略似英國的中央教育參議會，法國的高等會議，美國各邦的教育局，不過中央教育委員會的職權，比歐美類似機關更大。英國教育參議會只有最小部分的立法權；法國高等會議，只是顧問機關，其立法權有限，而稍有司法權，美國各邦教育局的立法權最大，但司法及監察權極有限。中國中央教育委員會，則兼有絕對的教育上之立法，司法，及監察權。

（一）組織　中央教育委員會，採取委員制，以委員十五人組成之。在這委員會中，應充分容納民衆意見。依照第三章所討論的結果，這個機關，應如美國的市教育局，完全代表民衆利益。但中國民衆，在義務教育未完成之前，沒有專家的指導，也有毛病。今爲折中起見，暫定委員會中三分之一的份子，代表專家，而三分之二的份子，代表民衆。換句話說，十五人中，有五人是教育界代表，有十人是通俗民衆的代表。產出方法，應以選舉爲原則，而以任命爲例外。由全國大學教授選出代表一人，全國中學教員選出代表一人，全國小學教育選出代表一人，全國學術機關（如全國教育會聯合會，平民教育促進會，教育改進社，科學社，學藝社，圖書館，博物院等）選出代表一人，全國女子教育界選出代表一人，共五人，完全代表專家意見。可爲委員會中非正式的領導者。女子教育界代表，應爲女子。英國府教育委員會，規定須有女代表若干人，我們以爲這個辦法，能保障女權，應該採用。

此外全國農會選出代表二人，全國工會選出代表二人，全國商會選出代表一人，共五人代表平民階級利益。法國高等會議，毫無農工階級代表，殊不合平民主義。俄羅斯各級教育委員會，都有農人代表及工人代表若干人，用意甚善，我國應該效法。此外五人，不拘定團體或階級，由人民普選。這些代表，都是通俗民衆，在委員會裏，必能使教育設施，徹底平民化。在這過渡時期，代表的產生，或難完全用選舉法，四政權中之選舉權，或難完全運用。至於何種代表應用選舉法，何種代表應由中央執行委員會任命，可由國民政府斟酌實際情形決定之。法國高等會議之議員，多由政府任命，頗不合平民原則，我國非不得已時，不應蹈這覆轍。美國市教育局委員，完全由人民直接選舉，可爲我國模範，但在現在的中國，似不能驟然實行。至於人數問題，法國高等會議爲五十二人，英國中央教育參議會爲二十一人，美國教育局多數爲七人或五人。據美國經驗，委員人數太多，辦事效率銳減，而以七人或五人最好，此爲教育家所公認。中國委員人數，固不應如法英之多，但幅員廣大，人數又不應如美國那樣少。今取折中辦法，暫定爲十五人，作爲試驗標準，此後政府可酌量情形，隨時減少其人數。

（二）分委員會　法國教育參議會（Comité Consulative）約三個委員會：即（一）高等教育委員會，（二）中等教育委員會，（三）小學教育委員會。我國應設六個分委員會：（一）總務委員會，（二）高等教育委員會，（三）中等教育委員會，（四）小學教育委員會，（五）擴充教育委員會，（六）監察審判委員會。分委員會由中央委員會中互相推舉組織之，但每委員不得任三個分委員會以上的職務。遇有特別事故，可設若干臨時委員會。

（三）任期及薪金　任期一層，在英法無明白規定，美國多數爲五年或七年。我國可暫定爲五年。每年改選委員會中五分之一的委員，第一，二，三，四年改選的委員，可用簽定法決定之。英法美教育立法機關的委員，均不支薪；其理由則謂委員支薪，便成政治上競爭對象，易使教育捲入政治漩渦；反之，委員若爲義務職，則爲高尚純潔之位置，便可吸引高尚純潔之人物。但這不算强有力的理由，英國國會議員，不是義務職嗎？但英國議員也不一定比其他國家議員更高尚純潔。至於避免政潮，自有他種辦法，不必在薪金方面着想。況且委員既不支薪，敢當委員的都是富翁，而平民階級要裹足不前了。教育委員薪金，可暫定爲月薪三百元。若中央教育委員曠廢職權時，由人民或各關係機關直接罷免之。這是應用中山先生的罷免權。例如大學代表，由大學教授罷免之，農會代表，由全國農會罷免之，政府任命的代表，由人民要求政府罷免之。但政府不得罷免委員，這層是避免政潮的辦法。但在過渡時代，多數委員既由政府任命，則政府似可直接罷免之，應由政府酌定臨時辦法。

（四）職權　中央教育委員會職權，大別爲立法，司法，監察三種，細分之有下列各項：

（甲）規定全國教育政策　委員會可根據地方需要，教育原理，國家與世界大勢，規定普遍教育目標與具體教育政策，如實行義務教育，限制教會學校，勵行勞農教育等。

（乙）批准全國教育預算　全國教育預算，由中央教育院長（卽教育部長）編製，而由中央教育委員會修正及核准之。

（丙）規定中央教育稅的稅率，徵收的方法，分配的標準。

（丁）保管中央教育稅金國立大學國立圖書館，博物院，及其他教育機關的建築，財產，儀器，並管理國立教育機關的修建事項。

（戊）制定全國教育行政系統，學制，教育法令，與學校規程。

（巳）設立，歸併，改組，廢止國立大學國立圖書館，博物館，及其他中央教育機關。

（庚）任命，調遷，罷免中央教育院長國立圖書館長，及其隸屬的人員。

（辛）批准全國各級學校之課程大綱，時間表，最低標準，及學年與學期長短規定。

（壬）審定全國中小學校教科書　全國中小學校，不必用一種或幾種規定的教科書。各地方可編製教科書，以適應其特殊的需要，但須呈請中央教育委員會批准。

（癸）討論中央教育院長交議事項。

（子）制定中央教育委員會議事規程與細則。
（丑）協同中央教育院編製全國教育統計。
（寅）解決全國教育上紛爭事項　中央教育委員會，爲全國教育最高法庭，凡大學區及高等教育機關，有權限上及利益上的紛爭，可訴諸委員會。
（卯）接受被革退教員之訴訟　法國高等會議有這職務，這是教師的保障，可以避免政潮，爲我國所宜取法。
（辰）審判高等教育行政長官　教育院長，大學區長，中央督學有違法情節，或營私舞弊而被人告發時，在委員會中開庭審判。
（巳）監察或彈劾高等教育長官，如中央教育院長，大學區長等。
（午）任命中央督學　中央督學，由教育院長推薦，而由委員會簡任。
（未）協同中央教育院，編製年度報告，敘述一年內的政策，活動，與成績，以引起全國人民對教育之興趣，並歡迎民衆的審查與批評。

二　中央教育院

中央教育院，爲全國教育最高之執行機關，卽教育部，行使行政權，及考試權。近有人提議將教育部取消，以避免政潮。但避免政潮的方法很多，不必因噎廢食，而廢止教育部。又或謂這是仿照法國的辦法，此說更無根據，因爲法國也有教育部與教育總長。全國雖可以大學區爲教育行政單元，但各大學區以上，必定要一個機關以總其成。教育部應設立的理由，約有五種：（一）提高教育事業的地位，以博得民衆對教育的重視與信仰，（二）解決各大學區及高等教育機關的紛糾，（三）聯絡全國各教育機關，使其通力合作，（四）平均全國教育機會，（五）增進全國教育行政之效率。再看德國，法國，英國，都有教育部；美國本來無教育部，近年彼邦教育界，正竭力運動教育部的成立。俄羅斯雖然沒有教育部，但未嘗無最高執行機關，不過這執行機關，是委員制。在執行機關採用委員制，是否適宜，實屬一大疑問。在學理上說起來，這種辦法，大有妨礙於行政效率。況且孫中山先生的「民權初步」（建國方略之三）裏，有個治國機關圖；在行政院下，明明有個教育部。國民政府建國大綱第二十條行政院下，也設有教育部。可見稽諸歐美趨勢，考諸教育原理，證諸中山先生講演，及國民政府建國大綱，教育部都不應廢止。假使想改弦易轍以新耳目，即將教育部改爲中央教育院亦無不可。

（一）組織　中央教育院應採取領袖制。法德教育部，均分爲三司，而每司各分若干科。所分三司，即高等教育司，中學教育司，小學教育司。美國內務部教育司，約分十六科，而俄羅斯中央教育委員會約分十一分委員會。中國舊教育部分三司一廳，而每司每廳又各分若干科。茲參照俄羅斯及美國制度，在中央教育院設立六司：（一）總務司，掌管文書會計庶務等事務，（二）高等教育司，掌管大學專門學校，外國留學事務，（三）普通教育司，掌管中小學職業學校事務，（四）擴充教育司，掌管社會教育美術教育勞農教育事務，（五）研究司，掌管調查世界教育狀況編審教育書籍，搜討教育行政問題事項，（六）考試司，掌管高等教育長官考試，大學及專門學校教授的資格檢查國家學位獎給等事項。總務司，又分五科：（一）文牘科，掌管函電的收發纂輯，保存院內職員進退的記錄，院內圖書的保管，印信的典守事項，（二）會計部，掌管本院直接收入及所管官產本院預算決算及會計事項，（三）

庶務科，掌管本院修建直轄機關修建，本院及直轄機關器具購置事項，（四）統計科，掌管全國學校經費行政人員教職員，本院各種統計事項，（五）印刷科，掌管本院出版事務。

高等教育司又分三科：（一）大學部，掌管大學修建，教授聘任，課程編製，考試標準，學位標準事項，（二）專門部，掌管專門學校修建，考試學位事項，（三）學術部，掌管學術會，展覽會，及留學事務。普通教育司又分七科：（一）師範科，掌管師範學校，高等師範，女子師範，教員臨時養成所，（二）建築衞生科，掌管學校（師範中學小學職業學校）建築設備，醫院，衞生事項，（三）中學科，（四）小學科，掌管學齡兒童調查，兒童入學，私塾整理，及其他關於全國小學校，蒙養園事項，（五）職業科，掌管中小學職業教育，職業指導，及職業介紹事項，（六）兒童幸福科，掌管兒童衞生，遊戲，保護，讀物事項，（七）美術科，掌管師範學校中小學美術教育事項。擴充教育司又分六科：（一）圖書科，（二）博物館科，（三）美術科，（四）戲劇小說科，（五）特殊教育科，（六）勞農教育（平民教育）科。研究司係效法英國教育部的「特別調查報告司」與美國教育司的編輯科，可分五科：(一)搜討科，主管教育行政之科學的研究，(二)調查科，主管世界教育，及本國教育新試驗的調查與報告，(三)法令科，(四)審查科，協同中央教育委員，審查中小學教科書，(五)討論科，集合全國教育專家，討論各種教育問題，並發出單行本。考試司，又分三科：(一)高等教育行政官吏考試科，(二)大學教授資格檢查科，(三)大學畢業考試科。院內設院長一人，副院長一人，每司設司長一人，每科設立科長一人，科員若干人。

(二)中央教育院長　中央教育院長，由中央教育委員會推薦三人，由國民政府簡任一人，爲全國教育行政最高長官。國民政府，認教育院長有違法情形時，得罷免之，但須得中央教育委員會之同意。假使中央教育委員會不同意，而國民政府仍欲罷免教育院長時，國民政府可解散委員會，而於三個月內召集新委員會。假使新委員會仍擁護教育院長，國民政府不得罷免之。院長罷免，既須得中央教育委員的同意，而院長的產生，又須由委員會推薦，全國教育可永遠脫離政潮的漩渦了。院長違法時，中央教育會得監察之及審判之，如確有違法情節，得呈請國民政府罷免之人民不滿意院長時，可直接要求教育委員會審判之，國民政府罷免之。任期無定，可延長至終身。

（三）中央教育院長之職權　教育院長有左列之職權：

（甲）執行教育委員會所議決的教育政策，法令規程。

（乙）督率院內官吏行使其職權。

（丙）出席中央執行委員會。

（丁）出席中央教育委員會，得發言但不得票決。

（戊）擬出全國中小學課程標準，咨送教育委員會通過。

（己）編製全國教育預算，咨送教育委員會通過。

（庚）推薦院內司長，科長，中央督學，大學教授及校長，而由教育委員會加以任命。

（辛）審查本院直轄教育機關的預算決議，而呈報教育委員會。

（壬）協同教育委員會，審查全國中小學教科書，儀器，建築及設備的標準。

（癸）提出高等教育長官之調動，升擢，降格，罷免，而由教育委員會通過。

（子）製定學校規程與院內規則，而呈請教育委員會批准。

（丑）監督高等教育官吏考試事項。

（寅）協同教育委員會編製年度報告書。

三　中央督學院

中央督學暫定爲十五人，高等教育督學五人，專管視察大學及特殊學校事項；中等教育督學五人，小學教育督學五人，內應有女督學三人以上。中央督學由教育院長推薦若干人，而由中央教育委員會選任十五人。督學亦代表專家精神，故應由教育院長推薦，亦是調和專家與民衆的辦法。教育院長欲罷免中央督學時，應得中央教育委員會的同意。中央督學違法或曠職時，教育委員會得監察，審判，及罷免之。人民不滿意中央督學時，亦可直接要求中央教育委員會審判及罷免之。其職權如下：（一）視察教育行政狀況，凡教育長官曠廢職權時，督學可報告中央教育委員會，及地方關係機關，審判及懲罰之，（二）視察學校行政，經濟，衞生，建築，設備，課程，教學狀況，得隨時貢獻意見，或將結果報告各關係機關，分別賞罰之，（三）視察社會教育狀況，（四）查驗及考試學生成績。又法國督學制分工最精細，每人祇擔任一種學科，我國應該取法。如中央督學，應有一人專視察全國學校建築，一人專視察中小學數學的教學，一人專視察國文教學，一人專視察物理教學等。

四　大學區與大學區教育委員會

就現有的省區，特別區，及蒙古，青海，西藏，劃分爲若干大學區。二十二行省，可分爲二十二大學區，特別區可集合幾個爲一大學區，蒙藏各設一大學區。中央教育權及地方教育權的劃分，應完全效法英國。其根本原則有三：（一）凡地方不能舉辦者，應由中央辦理之；（二）凡地方能辦理而不情願辦理者，應由中央監督之；（三）凡地方能辦理，又能適合全國最低標準者，應由地方自主，而中央不得干涉之。所以中央政府應有如下的權限：（一）規定全國教育宗旨，（二）規定全國教育行政系統與學制，（三）檢定教員資格；（四）規定最低標準；如教育稅，義務教育年限，學期長短，學校建築與設備，課程大綱，成人教育，社會教育之全國最低標準等；（五）

編製全國學校之統計;(六)審查全國教科書;(七)視察全國學校;(八)興辦華僑教育及邊地教育,(九)聯合全國教育機關,及溝通全國教育思潮;(十)調查全國教育狀況其他關於各大學區的個別政策,預算,課程,學校,視察,師範教育,大學,中學,小學,社會教育,統計,教科書等,應由大學區自主,而中央不得干涉之。這是調和集權與分權的辦法。

(一)組織及人選　大學區教育委員會的組織,略如中央教育委員會,惟規模更小。大學區教育委員會,亦採取委員制,以委員十一人組成之,其中專家代表有四人,其餘爲民衆代表。委員會應設五個分委員會:(甲)總務委員會,(乙)專門委員會,(丙)普通委員會,(丁)擴充委員會,(戊)監察審判委員會。產出方法,應以選舉爲原則,而以任命爲例外。由全大學區大學教授選出代表一人,中小學教員選出代表一人,學術團體選出代表一人,女子教育界選出代表一人,共四人,代表專家意見,可爲委員會中非正式的領導者。此外全大學區農會選出二人,工會選出二人,商會選出一人,共五人,代表平民階級利益。其餘二人,由人民普選或政府任命。

（二）任期及薪金　任期五年，每年改選三人，第一，二，三年的改選，用簽定法決定之。薪金暫定爲月薪二百元。

（三）職權　大學區教育委員會有左列職權：

（甲）規定全大學區教育政策，但須呈報教育院長批准（仿照英國辦法。）

（乙）通過全大學區教育預算，亦須呈請教育院長批准。

（丙）規定全大學區教育稅的稅率，徵收的方法，與分配的標準。

（丁）保管全大學區教育稅金，直轄公立教育機關財產及修建事項。

（戊）創立，歸併，改組，及廢止大學區直轄教育機關。

（己）任命，調遷，罷免大學區教育行政官吏，及大學區教授。

（庚）批准全大學區中小學課程大綱，教科書，及義務教育標準。

（辛）討論大學院長交議事項。

（壬）接受被革退教師的訴訟，監察大學區教育行政官吏，解決教育界紛爭等。

（癸）協同大學院長，編製全大學區教育統計。

（子）協同大學院長，調查全大學區教育狀況。

（丑）協同大學院長編製年度報告。

（寅）制定本委員會議事細則。

五　大學院與大學院長（或大學區長）

（一）組織　大學院爲全大學區最高教育行政機關，亦採取領袖制。可分六科：（一）總務科，（二）專門科，（三）普通科，（四）擴充科，（五）研究科，（六）考試科。總務科可分文牘，會計，庶務，統計，印刷等股。專門科可分大學，專門，學術等股。普通科可分師範，中學，小學，職業，衛生等股。擴充科，分圖書博物館，藝術，特殊教育，平民教育等股。研究科，分搜討法令，審查，討論等股。考試科，分官吏考試，教師考試，中學畢業考試等股。各大學可酌量經濟情形，增減其科股數目。大學院設院長一人，各科設科長一人，各股設主任一人，股員若干人。

（二）大學院長　有人稱爲大學校長，頗有討論的餘地。大學院長主要的職務，爲大學院的長官，其兼任的大學校長一職，是附帶的職務。今不稱大學院長，而稱大學校長，未免喧賓奪主。據我們的意思，大學區的教育行政長官，應定名爲大學院長，大學院長，應由大學區教育委員會，推舉三人，而由教育院長簡任一人，並呈報中央教育委員會。其資格應定爲國內外大學研究院畢業，在教育行政上服務三年以上，在學校服務五年以上者。任期無定，可延長至修身。教育院長欲罷免大學院長時，應得大學區教育委員會同意；委員會否決，而教育院長仍欲罷免大學院長時，委員會或大學院長，可上訴於中央教育委員會，而聽其解決。大學區教育委員會，認大學院長違法時，得監察審判之，並呈請教育院長罷免之。人民認大學院長違法時，亦得要求大學區教育委員會審判之，而呈請教育院長罷免之。這也是調和集權與分權的辦法。

（三）大學院長之職權　大學院長有左列之職權：

（甲）執行大學區教育委員會所議決的教育方針與政策，規則，法令。

（乙）出席省政府執行委員會。

(丙)出席大學區教育委員會，得發表意見，但不得投票及表決。

(丁)擬出全大學區中小學課程大綱，呈送大學區教育委員會通過。

(戊)編製大學區教育預算，呈送大學區教育委員會通過。

(己)編製學校規程與大學院內規則。

(庚)推薦院內科長股主任，大學區督學，中學校長教員，而由大學區教育委員會任命之。

(辛)協同大學區教育委員會，審查全大學區中小學教科書，建築，設備等。

(壬)提出大學區教育官吏之調動，升擢，降黜，罷免，而由大學區教育委員會通過。

(癸)監督大學區教育官吏考試。

(子)協同大學區教育委員會，編製年度報告書。

六　大學區督學院

大學區督學院以十五人組成之，內有專門督學三人，中學督學五人，小學督學五人，社會督學二人內應有女督學三人以上。大學區督學，應由大學院長推薦若干人，而由大學區教育委員會簡任十五人。其資格以國內外大學本科畢業，曾充當中小學校長或教員五年以上者爲合格。其職權如下：（一）視察地方教育行政，（二）視察地方中小學校行政，預算，衞生，設備，課程，教學法，（三）視察社會教育實施狀況，（四）查驗及考試學生成績，（五）報告結果於中央督學，大學院長，而由大學院長呈送中央教育院。視察工作，應採取分工辦法，每監學只視察某級學校之某種學科。如某醫學只視察小學一二年級音樂教學。

在大學區內，民衆對於教育行政能行使四政權：（一）能選舉及罷免大學區教育委員，（二）能罷免大學區教育行政官吏，（三）能在大學區教育委員會中，直接建議新法案，或（四）否決舊法案，而强制委員會採納新法案。

七　中學區與中學區教育委員會

中學區在歐美無這種名詞，但不妨自我們作古。以現有各道爲中學區，掌管區內中小學事務，但專注重中學教育。中學區與大學區的關係，略如大學區與中央的關係。

（一）組織及人選　中學區教育委員會，亦採取委員制，以委員九人組成之，其中教育界代表三人，其餘爲民衆代表。中學區教育委員會，應設立四分委員會：（一）總務委員會，（二）普通教育委會會，（三）社會教育委員會，（四）監察審判委員會。產出方法，應由中學教員選出一人，小學教員選出一人，婦女教育界選出一人，共三人代表專家意見。農會選出三人，工會選出二人，商會選出一人，共六人，代表民衆利益。

（二）任期及薪金　任期五年，每年改選二人，第一，二，三，四年的改選，用籤定法決定之。薪金暫定爲每月七十元。委員違法時，各關係團體得罷免之。

（三）職權　中學區教育委員會有左列之職權：

（甲）規定中學區具體教育方針，但須呈報大學院長請求其批准。

（乙）通過中學區教育預算。

（丙）規定中學區教育稅的稅率與徵收方法。

（丁）任命，調遷，罷免中學區教育行政官吏及中學教員，校長。

（戊）保管中學區教育財產。

（己）接受被革退教員的訴訟，監察教育行政官吏。解決教育界紛爭等。

（庚）批准課程大綱與教科書。

（辛）協同中學院長編製統計，調查社會需要，編製年度報告等。

（壬）討論中學區長交議事項。

（癸）制定本委員會議事細則。

八　中學院與中學院長

（一）組織　中學院採取領袖制。內分五科：即總務科，普通科，擴充科，研究科，考試科。考試科掌管中小學校教員考試，普通教育行政官吏考試，及中小學畢業考試事項。設中學院長一人，科長五人，科員若干人。

（二）中學院長　中學院長，應由中學區教育委員會推舉三人，而由大學院長選任一人，並呈報大學區教育委員會。其資格應以國內外大學本科畢業，在教育界服務五年以上者爲合格。大學院長欲罷免中學院長時，應得中學區教育委員會同意，意見衝突時，可上訴於大學區教育委員會，而聽其判決。中學區教育委員會認中學院長違法，可彈劾之，並呈請大學院長罷免之。人民對於中學院長，亦有罷免權。

（三）中學院長之職權　中學院長有左列之職權：

（甲）執行中學區教育委員會所議決的教育政策。

（乙）出席中學區教育委員會，得發表意見，但不得投票或表決。

（丙）擬出中學區課程標準，而呈送中學區教育委員會通過。

（丁）編製中學區教育預算。

（戊）推薦院內職員，中學區督學，小學校長，教員，而由中學教育委員會任命之。

（己）協同中學區教育委員會，裁查教科書，儀器，設備等。

（庚）協同中學區教育委員會，調查社會需要，及編製年度報告等。

（辛）監督中學區教育官吏考試，及小學教員考試，小學畢業考試。

九　中學區督學院

中學區督學院，以督學十五人組成之，內應有女督學若干人。其資格以國內外大學畢業，曾充任中小學校長或教員三年以上者爲合格。其職權爲：（一）視察地方教育行政，（二）視察學校經費，設備，課程，教學法，（三）視察學校管理，訓育，衞生，簿册，（四）考試中小學學生成績，（五）報告結果於大學區督學，中學院長，並由中學院長呈報大學院長。每督學視察某級一種學科，任期無定。督學由中學院長推薦，而由中學區教育委員會選任之。

十　小學區與小學區教育委員會

小學區在歐美也沒有這個名詞，但也不妨自我們作古。我們可就現有各縣分爲小學區，專管區內小學，及擴充教育事務。小學區與中學區關係，應如中學區與大學區的關係。小學區教育委員會，得設四分委員會：（一）總務委員會，（二）小學委員會，（三）擴充委員會，（四）監察委員會。凡小學教員不服革退者，可提起訴訟於小學區教育委員會；不服判決時，得上訴於中學區教育委員會；又不服，可上訴於大學區或中央教育委員會。小學區教育委員共七人，其中小學代表二人，農會代表二人，工會代表二人，商會代表一人。任期定爲七年，每年改選二人。薪金暫定爲每月二十元或三十元。其職權爲：（一）審議教育方針，（二）規定教育稅率，（三）保發教育財產，（四）審核教育預算決算，（五）議決小學院長交議事項，（六）任命小學區教育行政官吏，小學區督學，小學校長及教員，（七）接授教員訴訟，監察教育官吏，解決教育紛爭，（八）批准課程大綱及教科書，（九）協同小學院長編製統計，調查需要，編纂年報，（十）制定本委員會議事細則。

十一　小學院與小學院長

小學院亦採取領袖制，內分五科：即總務科，普通科，擴充科，研究科，考試科。設小學院長一人，科長五人，事務員若干人。小學院長，應由小學區教育委員會推舉三人，而由中學院長選任一人，並呈報中學區教育委員會。小學院長資格，應以國內師範學校或高級中學畢業，在教育界服務二年以上者爲合格。任期無定，可延長至終身。中學院長欲罷免小學院長時，應得小學區教育委員會同意，意見衝突時，可上訴於中學區或大學區教育委員會而聽其判決。小學區教育委員會認小學院長違法時，可彈劾之，並呈請中學院長罷免之。小學院長職權如下：（一）執行教育政策；（二）出席小學區教育委員會，得發表意見，但不得投票；（三）編擬詳細之小學課程標準，而呈送小學區教育委員會通過；（四）編製小學區教育預算；（五）推薦院內職員，小學區督學指導員，而由小學區教育委員任命之；（六）協同小學區教育委員會調查社會需要及編製年度報告；（七）監督考試。

十二　小學督學院

小學督學院，以督學十人，助督學十五人，指導員三十人，視察練習生若干人組成之。大抵以一督學員視察一百個教員爲最高限度。其資格以師範學校，中學校畢業，在教育界服務一年以上者爲合格。任期無定，小學院長欲罷免督學時，應得小學區教育委員會的同意。督學由小學院長推薦，而由小學區教育委員會選任之。助督學指導員，視察練習生，由督學推薦，而由小學區教育委員會選任之。其職權略如中學區督學，惟其對於教員關係，加倍密切，而其指導工作亦應加精細。

民衆對於小學區教育行政也可行使選舉權，罷免權，創制權，複決權。

十三　鄉村區，鄉村教育委員會，鄉村學院，鄉村院長，鄉村指導員

鄉村區爲教育行政最低級的單位，其對於小學區關係，略如小學區對於中學區的關係。鄉村區教育委員會分：（一）總務委員會，（二）小學委員會，（三）監察委員會。鄉村區教育委員會以五人組織之，由人民直接選出，內應有女代表一人。任期定爲五年，每年改選二人。委員概不支薪。其職權爲：（一）審議方針，（二）籌劃經費，（三）保管教育財產，（四）審查預算決算，（五）討論鄉村院長交議事項，（六）建議關於本區教育事項。鄉村學院，以院長一人，指導員，事務員，若干人組織之。鄉村院長，由鄉村區教育委員會推舉三人，而由小學院長選任之。鄉村院長資格，以中學畢業，在教育界服務一年者爲合格。其職權爲：（一）執行教育政策，（二）編擬詳細教材，（三）編製教育預算，（四）編製統計及報告書等。每區應有鄉村指導員若干人，視察本區教學情形，其資格以初級中學前期師範畢業，在教育界服務一年以上者爲合格。指導員，由鄉村院長推薦，而由鄉村教育委員會任命之。

十四　家長委員會

每中學校，小學校，幼稚園，初等中等職業學校，應設立家長委員會。這是仿傚法國 Comité de Patronage 的辦法。由在校各生家長，選出委員九人，或十一人，爲義務職。每年改選三人。凡關於學校政策，建築，設備，訓育，課程，教學法，教員任免，家庭與學校關係等，均可貢獻意見，以備校長及教員的採納。每月開常會一次，遇有特別要事時，得開臨時會。

十五　都市教育行政

都市分特別市，一等市，二等市，普通市。京兆及居民百萬以上的都市，爲特別市，居民五十萬以上，百萬以下的都市，爲一等市，居民十萬以上，五十萬以下的都市，爲二等市，居民五千以上，十萬以下，爲普通市。特別市教育行政系統，略如大學區，有特別市教育委員會，特別市教育局，特別市督學局。特別市教育委員爲十一人，由大學教授選出一人，中小學教員選出一人，學術團體選出一人，婦女教育界選出一人，市工會選出三人，市商會二人，其餘二人，由市民普選，或市長任命。任期五年，每年改選三人。薪金暫定每月二百元。市教育委員會得分五分委員會：（一）總務委員會，（二）專門委員會，（三）普通委員會，（四）擴充委員會，（五）監察委員會。其職權略如大學區教育委員會。特別市教育局，可分總務，專門，普通，擴充，研究，考試六科，各科又可分若干股。教育局設局長一人，由特別市教育委員會推舉三人，而由中央教育院長選任一人，並呈報中央教育委員會。教育院長或市長，欲罷免特別市教育局長時，應得特別市教育委員會同意，如意見衝突時，得上訴於中央教育委員會，而聽其裁判。市民對於教育局長，亦有直接罷免權。其職權略如大學院長。但教育局長行使職權時，得隨時與市長接洽。

一等市教育行政組織，略如中學區，有市教育委員會，以九人組成之，爲教育上立法，司法，監察機關。其分委員組織，產出方法，任期，薪金，職權，與中學區教育委員會相同。市教育局分總務，普通，擴充，研究，考試等科，設局長一人，其資格，選出方法，任期，職權與中學院長相同。一等市督學制度與中學區督學制度相同。一等市教育行政機關，雖然直隸於大學區，但行使職權時，仍須禀承市長。二等市教育行政制度，與小學區教育制度相同，普通市與鄉村區教育制度相同。都市中每中學校，小學校，師範學校，職業學校等都有家長委員會爲各校校長的顧問機關。

孫中山先生說：「人民是工程師，政府是機器。在一方面，要政府的機器是萬能，無論甚麼事都可以做；又在他方面要人民的工程師也有大力量，可以管理萬能的機器。那麼，在人民和政府的兩方面，彼此要有一些甚麼大權，纔可以彼此平衡呢？在人民方面的大權，是選舉權，罷免權，創制權，複決權。在政府方面的是行政權，立法權，司法權，考試權，監察權。拿人民的四個政權，來管理政府的五個治權，那纔算是一個完全的民權政治機關。有了這樣的政治機關，人民和政府的力量，纔可以彼此平衡」（民權主義第六講。）我們建立中國新教育行政系統，也是遵守這個原則。

（備考）現行制包括學術及教育行政兩方面，本篇專就教育行政說，故於研究學術之機關未曾列入，而對於中央學術教育行政機關，仍名教育院。

蔡孑民先生說：「全體人民代表不規定資格未妥。」這問題尚待討論。

後篇

中國教育宗旨與政策的商榷

今根據歷史背景，歐美經驗，專家理論，與中山主義，規定如左的教育宗旨：「中華民國教育宗旨，注重三民主義，而以美感教育完成國民之高尙的人格。」或：「中華民國教育，以提高民族文化，發揚共和精神，改進國民經濟，陶養優美人格爲宗旨。」

我們以爲這個教育宗旨，考諸歷史背景，更爲進步，證諸歐美經驗，更爲完善，稽諸專家理論，與中山主義，若合符節，是中華民國最妥善的教育宗旨，請申述如下：

第一章　歷史背景的根據

前清教育宗旨多抄襲日本，據張文襄的意思，「立學宗旨，無論何等學堂，均以忠孝爲本，以中國經史之學爲基，俾學生心術壹歸於純正；而後以西學瀹其智識，練其藝能，務期他日成材，各適實用，以仰副國家造就通才，愼防流弊之意。」他又說「此次遵旨修改各學堂章程，以忠孝爲敷教之本，以禮法爲訓俗之方，以練習藝能爲致用治生之具。」在這裏已經隱隱含着忠君，尊孔，尙實三大宗旨。到光緒三十二年三月間，榮慶上了一個奏章，請明定教育宗旨，中有警句說：「今中國振興學務，固宜注重普通之學，令全國之人無人不學；尤以明定宗旨宣示天下爲握要之務。欲審度宗旨以定趨向，自必深察國勢民風，强弱貧富之故，而後能滌除陋習，造就全國之民。竊謂中國政教之所固有亟宜發明以拒異說者有二：曰忠君，曰尊孔。民質之所最缺，而亟宜箴砭以圖振起者有三：曰尙公，曰尙武，曰尙實。」後來光緒皇帝下了一道上諭，對於五大宗旨，曾加以解釋，說：「總之君臣一體，愛國卽所以保家；正學昌明，翼教乃所以扶世；人人有合羣之心力，而公德以昭；人人有振武之精神，而自强可恃；務講求農工商各科實業，物無棄材，地無遺利，期有益於國計民生。」這五大宗旨，在前淸末年的教育界，好像「日月經天，江河緯地，」曾發生偉大的影響。同三民主義的教育宗旨比較起來，尙武頗似民族主義，尙公頗似民權主義，而尙實頗似民生主義；但尊孔和忠君，又違反民權主義，在民主政體之下，當然不適用。

中華民國元年九月二日，教育部頒佈的教育宗旨為：「注重道德教育，以實利教育，軍國民教育輔之，更以美感教育完成其道德。」蔡孑民先生曾發表一重要意見書，以自由，平等，博愛，三基本原則，解釋公民道德的意義，並謂暗合孔孟義，恕，仁三德性；而尤反復推論美感教育的重要，闡發康德哲理，以為「教育家欲由現象世界，而因以達於實體世界之觀念，不可不用美感之教育。」蔡先生又謂所定教育宗旨，暗合中國古代教育思想；如夔典樂教胄子以九德，是德育與美育的教育，周官以鄉三物教萬民六德六行是德育，六藝的射御，是軍國民主義，書數是實利主義，禮是德育，而樂是美育。至於此項宗旨和前清教育宗旨的關係，蔡先生說：「滿淸時代所謂欽定教育宗旨者，曰忠君，曰尊孔，曰尙公，曰尙武，曰尙實。忠君與共和政體不合，尊孔與信教自由相違，可以不論，尙武卽軍國民主義也，尙實卽實利主義也，尙公卽吾所謂公民道德也。」與三民主義的教育宗旨相比較，則道德教育，卽公民教育，亦卽民權主義的教育；軍國民主義，卽民族主義的教育；實利主義，卽民生主義的教育。但是道德教育，意義含混，沒有註解，不能使人領悟，而所謂義仁恕三字，又近於抽象，更不易使通俗了解。所謂軍國民主義，又容易引起誤會。實利主義，只顧到生產方面，而並沒有注意分配問題。惟美育一層，頗可以補充民生主義，因爲民生除衣食住外，尙有情感生活。

民國八年，歐戰告終，和會開始，世界人民正咀咒軍國民主義，於是中國教育界一部份人士，開始懷疑教育部所定的宗旨。是年杜威來華，平民主義思想更盛，他又有「教育本身無目的」一語；於是教育界一部份人士不但要廢止軍國民主義的教育宗旨，還要取消教育宗旨本身。在是年全國教育會聯合會第五次會議，遂通過廢止教育宗旨宣佈教育本義案；案中有要語說：「新教育之本義，非止改教育宗旨，廢止軍國民主義之謂。若改革現時部頒宗旨爲別一宗旨，廢止軍國民主義爲別一種主義，仍是應如何教人之問題，非人應如何教之問題也。從前教育，只知研究如何教人，不知研究人應如何教。今後之教育，應覺悟人應如何教，所謂兒童本位是也。……

……北京教育調查會研究結果，有養成健全人格發展共和精神二語，經本會討論，認為適合教育本義。」但所謂教育本義，即是一種教育宗旨。健全人格一語，很費解釋。發揮共和精神雖然類似民權主義，但詞意亦稍嫌籠統。民國十一年十一月一日，教育部公佈學校系統標準七條，其中有四條頗似教育宗旨，即（一）適應社會進化之需要，（二）發揮平民教育精神，（三）謀個性之發展，（四）注意生活教育。所謂適應社會需要發揮平民精神，發展個性，都不外民權主義，而所謂生活教育，又即民生主義。總而言之；中國過去教育宗旨，或太片面，或有弊病，或不適合現代潮流，或詞句含混，都不及三民主義的教育宗旨那樣周密完善明確呵。

第二章　歐美經驗的根據

歐美近代有三個大運動，而近代教育一切興革，都受這三大運動的影響。一七七六年的美洲革命與一七八九年的法蘭西革命，是民權主義的運動。一八六〇年的意大利獨立與一八七一年的德意志統一，是民族主義的運動。一九一七年的蘇俄革命，是民生主義的運動。歐美近百五十年來一切政治上的改革，都受這三種主義的衝動，並且這三大潮流，有匯合爲一的趨勢。民權革命常帶民族革命的色彩；而民族革命又常含民權革命的意味。美洲與法蘭西革命，本是民權運動，但同時又是民族主義運動，意大利與德意志獨立本是民族運動，但同時憲政告成，民權亦賴以伸張。就是中國一九一一年的革命，也是民族運動和民權運動的混合物。歐戰後，新興的國家如波蘭，愛爾蘭，土耳其等，都標榜民族自決，但同時又都變成共和國家。世界過去的政治潮流，是民族民權的混合物，今後世界運動，又要成民族民權民生的總流了。中國今後政治上改革，必定是民族民權民生混合爲一的運動。

歐美百五十年來的教育改革，都隨着政治潮流，受民族民權民生三主義的衝動。換句話說：三民主義，是世界教育過去及將來的原動力。自一七八九年到現在，歐美各國，感覺國家政治上獨立與統一，不可不依賴文化上獨立與統一，所以竭力建設國家教育系統，勵行普及的，義務的，免費的國家教育，拿學校做宣傳民族主義的工具。法蘭西國家教育系統，發軔於一七九一年達來郎——柏里哥（Talleyrand-Perigord）的提案，及一七九二年道奴(Daunou)的法案，而國家教育的實現，則在一八五〇年以後。自一八七〇年，法國見敗於普魯士後，其教育設施，加倍注重民族主義了。普魯士國家教育，也是受民族主義的鼓勵。自費希特在柏林大學講演「告德意志國民」提倡民族主義以後，普魯士纔覺悟國家教育制度的需要，一八〇七年時，已經建立基礎，一八七〇年後，此種制度，遂完全實現，並且全國學校都變成宣傳民族主義的工具。他如英，美，意諸國，都受民族主義的衝動，纔勵行義務教育，義務教育實行後，民族主義又加倍發達。總而言之：近代普及教育的動機和結果，都是民族主義，（請參看賴絲訥 E. H. Reisner 的國家主義與教育 Nationalism and Education Since 1789）。

歐美近代教育，還有一種原動力，就是德謨克拉西，或民權主義。換句話說：近代教育一切改革，都導源於自由，平等，博愛，三種基本觀念。例如自由觀念，在教育目標上，產生發展個性，培養自動，提高創造等理論，在教育行政上，產生地方分權，教育試驗，脫離宗教束縛等原則，在課程上產生兒童中心論，彈性選科制，而在教學法上，產生啓發教學，個別教學，遊戲法等制度。又如平等觀念，在教育行政上產生教育機會均等，普及教育，免費教育，單軌制，基礎學校等，在課程上產生民衆利益的均衡，課程的社會化，職業教育等，在教學法上，產生班級教學，平等討論，大家參預，課內教學活動等原則。又如博愛一觀念，在教育目標上，產生個人社會化，培養合作能力，愛國心，國際同情等，在學校制度上，產生「社會學校」「勤勞學校」「鄉村家庭學校」等，在教學法上產生社會化的教學法，團體討論法，設計教學等制度，在課外活動上，產生童子軍「飛鳥團」（Wandervögel），青年運動（Jugerdbewegung）等。總而言之：自由，平等，博愛，是近代教育改革三個原動力（請參看 E. Spranger: Kultur und Erziehung, Die Drei Motive Der Schulreform, S. 115-137）。自蘇俄革命後，世界教育，又感受民生主義的影響，今後一切教育改革，如同政治改革，必定是民族民權民生三種潮流的混合物。

再看看歐美主要國度現行的教育宗旨，也不能越出三民主義的範圍。在德國新憲法裏第一百四十八條說：「道德教育，對國家的責任心，適合德意志民族精神的職業，及個人的忠誠，國際友誼，應爲一切學校之目標」所謂道德教育及對國家之責任心，是公民教育，也是民權主義的教育；就是國際同情，也是民權主義的推廣。所謂適合德意志民族精神之職業，及個人的忠誠，頗似民族與民生主義。但德國所規定的宗旨，仍嫌詞意含混，不如三民主義，能統括世界教育的潮流。再就英國說，在一九二三年教育部發出的「教師指南」的第一章說：「我們應該公認學校的目標，是發展兒童的體力與健康，性格的健全與强毅；各學生所應獲得之知識分量，雖然沒有確定標準，但學校應養成良好的智理習慣，則爲人人所公認。我們應訓練學生，使變成勤勞，自助，忍耐，而能排除困難的人民；最要緊的是使學生出校後，腦筋機警，並能根據其在校已得的知識，繼續求學問」(Suggestions, Chap. I, p. 5)。所謂健全的體格，强毅的德性，與良好的智理習慣，都不外做國民的條件，都可歸納到民權主義，或民族主義。但英國教育宗旨，並未提及民生問題，並且詞句意義也很籠統，也不及三民主義教育宗旨的周密與顯豁。

美國內務部教育司，一九一八年，曾頒佈七大教育目標，卽：（一）基本工具學科，如讀，寫，算，（二）健康，（三）公民訓練，（四）職業訓練，（五）養成家庭良好份子，（六）利用餘暇，（七）德性陶冶。現在美國各級學校，都奉行這七大目標，如金科玉律。所謂健康教育，卽養成家庭良好份子，近於民族主義，所謂工具學科，公民訓練，與德性陶冶，近於民權主義，而所謂職業訓練與利用餘暇，近於民生主義。但美國教育目標的規定，也不甚完全。所謂德性，含義籠統，並且和公民訓練沒有多大的分別。所謂職業訓練，只限於生產方面，不啻爲資本家做走狗。並且七大目標平列，也不如三民主義的教育宗旨那樣簡要與鮮明。法國所頒佈的教育宗旨，大概注重民族主義。俄國革命後所頒佈的教育宗旨有三：（一）發展國民生產能力，（二）培養政治與經濟的能力，（三）發展民族文化。第一條是民生主義，第二條是民權主義，第三條是民族主義。但詞意也有片面與含糊的毛病。生產力固應發展，但消費習慣，與分配標準，亦應施以教育，而民生主義，便能包舉這些要素。其所謂政治能力，未必是自由民衆參預政治的能力，而所謂民族文化，更無客觀的標準，也不如民族主義與民權主義那樣純正。總而言之；三民主義的教育宗旨，不但適合世界教育潮流，而且比較歐美主要國度的教育宗旨，更爲完善，周密與簡明。

第三章 專家學理的根據

在上二章，我們已經證明三民主義的教育宗旨，是中國二十餘年來新教育歷史上自然演進的結果，比較往昔的教育宗旨更爲進步；我們又證明三民主義的教育宗旨，適合世界教育潮流，比較歐美主義國度的教育宗旨，也更完善。現在我們要發一問：三民主義的教育宗旨，在學理上有鞏固的基礎嗎？換句話說：三民主義的教育宗旨，能適合世界教育思潮嗎？大抵思潮是時代之花，現在的世界是三民主義的世界，所以現在的教育思潮，也是三民主義的教育思潮。先講美國的教育思潮。杜威雖然對於德國式的民族主義教育，極端反對，但對於土耳其式的民族主義教育，曾表示熱烈的同情，所以他在土耳其講演時，大鼓吹其民族主義。至於民族主義，是杜威教育哲學的中心思想；他的傑作平民主義與教育一書，也可稱爲「民權主義與教育」。他雖然沒有儘量發揮其民生主義的教育，但在職業教育的討論上，也說了許多關於民生主義的話。他常分教育價值爲兩種：（一）工具的價值，卽經濟的，政治的，科學的教育價值；（二）內蓄的教育價值，如審美的，道德的，社會的教育價值。他所謂經濟的教育價值，卽民生主義的教育價值，政治的教育價值，卽民權與民族主義的教育價值，其他教育價值，屬於情感方面，亦係廣義的民生主義。其他如邦絲（F. G. Bonser）分教育價值爲四類：健康的，實用的或職業的；社會的或政治的，審美的。第一類爲民族主義，第二類爲民生主義，第三類爲民權主義，第四類亦不出民生主義之範圍。又如英格里斯（A. Inglis）分教育價值爲三種：（一）社會公民的目標，卽民族民權主義的教育宗旨，（二）經濟職業的目標，卽民生主義的教育宗旨，（三）個別的娛樂的目標，亦卽廣義的民生主義教育宗旨。他如 Parker, Bagley, Briggs, Meriam, Bobbitt, Charters 等所論教育價值，大抵亦不出三民主義的範圍。

英國教育家，多主張發展個性，或調和個人與社會的衝突，大抵不外民權主義的自由與博愛二觀念。亞當斯(John Adams)標出二種教育目標，卽自我表現，與多方興趣。所謂自我表現，實根據於自由一觀念，所謂多方興趣，包括社會的，政治的，經濟的，審美的興趣，亦係根據三民主義。尼恩(T. P. Nunn)以個性爲一切幸福的基礎，自由爲一切進步的原因，而教育價值，在供給適宜的環境，使各種個性得自由發展。總而言之：尼恩的教育哲學完全建築於民權主義自由觀念之上。非英得來(J. J. Findlay) 以「調和的發展」爲一切教育的總目標，卽調和內部與外部生活，個人與社會生活。分析起來，他說有四個教育宗旨：卽體育，藝術與語言，社會道德，智育。體育卽民族主義，藝術，語言，智識，道德等，卽民權主義。羅素 (B. Russell) 分教育價值爲四種：卽健康，勇敢，博愛，知識。健康爲民族主義，博愛爲民權主義，勇敢與知識則與民族民權民生三主義都有關係。

德國教育家施勃郎格 (Eduard Spranger) 謂「教育目標，在將種種客觀的價值，輸入兒童經驗中以完成整統的實用的，自樂的人格。」分析起來他說有五層教育價值，最低層爲生理的價值，其次爲經濟的價值其次爲審美的價值，其次爲智理的價值宗教的價值最高。所謂生理價值頗近民族主義，經濟價值頗似民生主義，審美智理宗教等亦與三民主義有間接的關係。凱欣斯泰奈（G. Kerschensteiner）說：「教育目標在把一定的文化價值，（宗教道德知識美術工藝風俗）輸入兒童經驗中，使兒童得自由發展其天才與能力，而爲社會謀福利。」他又分教育價值爲靜動二種；智理，審美，宗教爲靜的；經濟，社會政治爲動的。所謂經濟價值，爲民生主義，社會與政治價值，爲民族民權主義，智理，審美，宗教價值，則與廣義的民生主義有密切的關係。孔恩（J. Cohn）分教育價值爲三大類：（一）道德價值，如堅强的意志，服從習慣道德觀念人格自決等，（二）實用與支配的價值，如健康，肢體的運用，智理訓練等，（三）羣衆與情感生活的價值，如家事教育，美育，宗教教育等。第一類對於民權主義有關係，第二類對於三民主義都有關係，第三類對於廣義的民生主義，也有間接的關係。高滴（H. Gaudig）謂教育目標爲人格的陶養，卽自我抉擇與自我表現(Selbstbestimmung u. Selbstvollkommung),亦根據民權主義的自由觀念。

總而言之:三民主義的教育宗旨考諸歷史背景,更爲進步,證諸歐美經驗,更爲完善,稽諸專家學理,若合符節,是中華民國現時及將來最妥善的教育宗旨。假使黨化教育是民族民權民生化的教育,——是國家化,平民化,實利化的教育,——那嗎,黨化教育不但能造福中國,還能躋世界於大同;我們不但希望中國教育黨化,還希望全世界的教育都被中國國民黨黨化起來。在下列幾章,我們要解釋三民主義教育宗旨的意義,與其聯帶發生的具體政策。

第四章　民族主義的教育政策

民族主義的教育,有兩種重大的使命:(一)使中國教育,永遠脫離列强文化侵略的束縛,(二)使中華民族的團體生活,建築於共同文化的基礎之上。但中國的民族主義教育,和其他民族主義教育,稍有不同。論列於左:

第一，中國的民族主義教育，不是德國式的民族主義教育；後者是侵略的帝國主義教育，而前者是自衞的民族自決教育。歐戰前，德國教師利用種種方法，使學生相信「德國文化」(Deutsche Kultur)，是世界最高的文化，而德國民族的使命，是將這文化用武力向全世界宣傳。歐戰前，德國教師講地理，第一個問題便是：「什麼是由德國到巴黎的捷徑，」然後使學生共同討論，歸到由比利時到巴黎的結論。所以侵犯比國中立的戰略，在德國學校裏已經教授了幾十年，纔在一九一四年爆發呢。中國的民族主義教育，是根據孔子的恕道。我們不願意列强侵略我們的文化，我們也不願侵略列强的文化。林肯說：「我不願意做奴隸，所以我不願意做主人。」我們不願意受他人壓迫而做奴隸，所以我們也不願意壓迫他人而做主人。我們的希望，只在保存我國文化與教育的獨立，而不受列强的文化侵略。

第二，中國的民族主義教育，不是印度的民族主義教育，前者是進步的民族主義教育，而後者是神祕的復古的民族主義教育。甘地說：「印度文化的生路，在剷除近五十年所學習的西方文化。鐵路，電報，醫院，律師，醫生等，都應該剷除，上流社會，都應該歸到古代的農村生活」(Current History Magazine, 16:1067, Sept. 1922)。但是孫中山先生提倡民族主義時，便盡力鼓吹要吸收西方物質文明與科學知識。他說：「但是恢復了我們固有的道德智識和能力，在今之世，仍未能進中國於世界一等的地位。如我們祖宗之當時，爲世界之獨强的，恢復我一切國粹之後，還要去學歐美之所長，然後纔可以和歐美並駕齊驅。如果不學外國的長處，我們仍要退後。」(中山叢書，民族主義七四—七五頁)中山先生所謂外國的長處，卽指物質文明與科學。近來有人說黨化教育，卽科學化教育，也是這個道理。

第三中國的民族主義教育，不是美國式的民族主義教育，前者是理性的民族主義教育，而後者是瘋狂的民族主義教育。近來美國有所謂三K黨，是瘋狂的民族主義之代表，其主要的信條是：全世界有色人種，應受白人的支配，白色人種，又應受盎格爾撒克遜人的支配，而盎格爾撒克遜人，又應受美國人的宰制；因爲美國人是全世界最優秀的民族，而美國文化，是全世界最優美的文化。美國普通教師，都有這種錯誤的觀念，在學校裏常公開宣傳三K主義。美國自大學生到小學生，多少感受三K主義的影響多少擺着天生驕子的態度，而對於居留美國的黑人，黃人，猶太人，則心存輕視，百端壓迫。反之，中國的民族主義教育，是民族平等的教育。國民黨第一次全國代表大會宣言說：「國民黨之民族主義有兩方面之意義：一則中國民族自求解放，二則中國境內各民族一律平等。」又說：「國民黨敢鄭重宣言，承認中國以內各民族之自決權，於反對帝國主義及軍閥之革命獲得勝利以後，要組織自由統一的（各民族自由聯合的）中華民國。」

總而言之：中國的民族主義教育，是自衞的，進步的，理性的民族主義教育。至於具體的教育政策，有下列幾條：

（一）限制基督教的教會學校　列強常利用教會學校，作文化侵略的工具。教會學校裏的組織，課程，教授法，訓育，完全想消滅中華民族的個性，使學生漠視本國文化，而死心榻地的作洋大人的奴隸。教會學校的真正宗旨，是「三畏」主義，即是使學生「畏上帝，畏耶穌，畏白人。」每年進教會學校的學生，有百萬以上，學校系統上，自大學下至小學與初級師範，一應齊備，這種「國內有國」的怪現象，簡直是文化的帝國主義，應在被打倒之列。假使我們想貫徹民族主義教育宗旨，不能不取締教會學校。但絕對取消，又違背信教自由的原則。我們應該使各教會學校向政府立案，一切組織，課程，訓育，均須遵照政府規定的教育法令，而讀聖經一科，應由學生自由選習，不得加以强制。

（二）取締外人在華的移民教育　日人在山東及滿洲，都設立許多移民學校，專爲日本人而設立，其組織，課程，管理法，一律遵照日本法令，而在教科書中，及教員訓話中，盡力鼓吹學生去侵略中國。這些學校，還以種種小利引誘中國學生入學，而教其卑視本國文化，效忠日本帝國。這種文化的帝國主義，比教會學校還要利害。他如歐洲人在各地，也有這種學校。我們雖然不能一律取消這種學校，但也不能不加以限制，就是這些學校，應向政府立案，遵守教育法令，受政府視察，並不得收容中國學生。以上二條是消極的辦法。

（三）推廣邊地教育（卽蒙藏回教育）　大抵一國的獨立與統一，全靠文化上的共同基礎。美國因爲種族亂雜，文化，信仰，風習各各不同，在歐戰時吃了大虧。

近年來民族主義極發達，纔盡力提倡「美化教育」（Americanization），去年全國美化教育的預算多至美金一萬萬元。中國民族，有漢滿蒙回藏五族，血統的複雜，語言，文字，風習，信仰，思想的殊異，比較美國有過之無不及。假使我們不趕快樹立文化上的共同基礎，中國的自由與統一，很難維持。假使我們要樹立文化的共同基礎，非從教育下手不可。據我們的意思，中央應劃出一筆經費，專爲發展邊地教育的用處。我們不能採取帝國主義的辦法，禁止滿，蒙，藏，回各民族教授其語言，文字，歷史，信仰，思想；但我們應規定邊地學校，除傳授本地文化以外，應以漢文爲第二國語，兼教授其他民族的歷史，信仰，思想與文化。這不是漢族的文化侵略，而是五族文化的溝通。

（四）獎勵華僑教育　華僑在外國爲被壓迫民族，其教育多爲各管轄國政府所漠視。因爲華僑在外國，沒有教育機會的平等，所以在政治上，經濟上，社會上，也不能享受平等的幸福。況且華僑在外國過久，漸漸忘記祖國文字與文化，這不但是中國的損失，也是全世界的損失，因爲中國文化，有宣傳的價値與必要。我們要貫徹民族主義的教育，也非提倡華僑教育不可。至於華僑教育宗旨，應「以對於國外一般華僑子弟，施以某種相當教育，養成其有善良之品性，智識，趣味，與技能。使其在居留各國殖民地區域內，對個人方面能獨立自營，對社會方面能改善互助；以保持祖宗所辛苦創成之固有的地位，而發揚中華民國民族之光；並獲得使各居留地政府及其人民，無論在政治上或經濟上，能以平等待遇我僑胞之資格爲宗旨。」（姜琦，國立暨南學校改革計劃意見書，一——二頁）這種教育精神和列强在華所施行的移民教育，絕不可同日而語。

（五）勵行軍事教育　其宗旨在養成爲中華民族爭自由平等的新戰士。美國近年來各大學均有强迫兵操，英國大學有軍事飛機科，德國大學雖取消正式兵操，而保留代替兵操的武術遊戲（如角技，擊劍，打靶等。）歐美各國中小學校，均有童子軍，女童子軍，「飛鳥團，」青年運動等均含有尙武的意義。在校外則有暑期野宿團，暑期兵操團，義務青年軍等，也是預備戰爭的組織。他們是壓迫他人的民族，還是在那裏戰戰兢兢的預備戰爭，深怕別國侵犯他們的獨立與統一。我們是被壓迫的民族，失掉自由與獨立的民族，還不應該提倡軍事教育嗎？假使我們想貫澈民族主義，非提倡軍事教育不可。他如在學校提倡家事教育，可以養育健全兒童，注意性育，可以改良人種，注重體育，可以鍛鍊堅强體格，都是民族主義教育的具體政策。以上三項是積極的辦法。

第五章　民權主義的教育政策

孫中山先生講民權，根據三個基本觀念；就是自由，平等，博愛。德國教育家施勃郎格（Eduard Spranger）說近代教育上一切革新的原動力有三種：卽自由，平等，博愛（Freiheit, Gleichkeit, Brüderlichkeit）。所以我們可以拿這三種基本觀念，做民權主義教育政策三大出發點。

A. 自由　教育上的自由，並非絕對的而爲相對的；我們一方面要打破種種束縛，他方面又要遵守社會規律；一方面要盡力發揚各人個性，他方面又要發展民族的團體生活；一方面要保持自由，他方面又要擔負責任。負責任的自由，是真正的自由。我們承認歷史上遺留下來的手鐐脚銬，應該解除，在教育思想上，言論上，出版上，實驗上，應有充分自由，纔能使教育進步；但這些自由，也應有一定的限制，教育纔能安穩進步。我們承認個性發展，是教育上一種重要的目標；但個性應由團體生活中培養出來。我們承認教育界，對於其自身職業，有直接處理的自主權與自由權；但教育界應善用其自主權與自由權，並應對於運用自由權所發生的結果，負完全責任。這是教育自由的真義。至於根據自由觀念所發生的具體政策，約有下列幾種。

（一）保障教育獨立　教育獨立，即是要打破妨礙教育進步的束縛。而這些束縛不外三種：即文化的帝國主義，宗教，政潮。要謀真正教育自由，我們應該取締外人在華所設立的移民學校，及基督教所創辦的教會學校，這層在上章已經說明，不必贅述。至於對於政潮的獨立，不外二種：第一，教育經費獨立，凡全國教育收入，應由教育界自身徵收，保管，與支配，而他種機關，不得任意挪動。第二，教育界用人權獨立，上至教育院長，下至小學教師，對於其專業的地位，有相當的保障；而對於人員的甄拔，任用，調遷，降黜，罷免，有一定的標準。（參觀第一篇第四章，中國新教育行政系統之說明）教育經費獨立一層，尤其重要，在國民黨政綱上也有「增高教育經費，並保障其獨立」的話。

（二）發展兒童本位教育　大抵經過一次革命，便多一次解放；經過一次解放，兒童地位便增高一度。如德國，俄國，奧國等自歐戰革命後，全國教育界予兒童以新注意，差不多成了歐美教育普遍的趨勢。中國國民黨是個革命黨，其目的在解放一切被壓迫的民衆，其中除農工階級，婦女，奴隸婢僕外，就是兒童。所謂兒童解放，就是使兒童從教師，家庭，社會壓迫之下解放出來。換句話說：兒童本位教育，卽給予兒童以充分自由的教育。凡尊重兒童自由的教學法，如遊戲法，設計教學，社會化教學，道爾頓制，得克樂來溫納提卡等制，都應由政府竭力獎勵，充分介紹到學校裏去。但兒童本位教育，並非叫兒童做「不覊之王，」其經驗的發展，應略受成人與黨義的指導。

（三）尊重學術自由　在德國大學裏，學術自由，差不多是教員和學生的第二生命。教學自由與研究自由（Lehrfreiheit u. Lernfreiheit）已經成了天經地義。

但是在中國的中小學裏，應略加以限制。例如選科制，在小學不能用，在中學可漸漸介紹，到大學研究院，則可完全採取選科制。德國大學有司法獨立權，凡學生言論行爲越出軌外時，先由大學裁判廳審問，而政府不得加以逮捕。這是沿襲中古時代的遺制，也是保障學術自由的辦法，中國也可酌量採納。

B.平等　據孫中山先生的意思，平等並非打破一切等級，而使全世界人類在政治上，經濟上，社會上，文化上，都立在同一水平線上，這是不可能的事。社會等級不拿財富，血統，種族，性屬做標準，而拿智力，德性，事業做標準，這是眞正的平等。換句話說：平等卽是機會的平等，使全人類在同一環境之下競爭，聖賢才智，都在上位，而平庸愚劣，都在下位。從前林肯有句名言說：「人生來是平等的，」後來智力測驗發達，有許多心理家說林肯所說的，是天下第一大謊話。中山先生對平等的解釋，是很合科學原理的。至於從平等觀念發生出來的具體政策，有如下幾種：

（四）實現教育機會平等的理想　中國各地因經濟及文化程度不齊，學校的數量與質量，也各自殊異。我們的理想，是使生在西藏的兒童，和生在江蘇的兒童，能受同等的教育，但所謂同等教育，並非同樣，機會要同等，而課程與方法不必同樣。中央應有一筆大款，專爲補助貧乏省區義務教育的用處，陝西，甘肅，特別區，蒙古，西藏，新疆，青海等地，缺乏義務教育經費時，中央可酌量予以補助。又英美有地方擔負教育經費三分之一，中央補助三分之一的辦法；地方籌出的經費愈多，中央補助金愈大，是獎勵地方增加教育費的意思。我們拿這辦法，應用到貧乏區域上去，很能促進教育的機會平等。復次，地方及中央政府，應劃出一宗款項，作爲助學金及獎學金。凡中小學學生中，有天資超羣，成績優越，而家境困苦，不能繼續求學或升學者，可向校長或政府請求助學金及獎學金。依照這種辦法，凡是聰明勤奮的學生，都可受最高教育，也是一種教育的機會平等。英國獎學金制度最發達，中國也可酌量採納。

（五）提倡男女教育平權　國民黨政綱上有「於法律上，經濟上，教育上，社會上，確認男女平等之原則，助進女權之發展」一語。但婦女應先求得教育上的平等，纔有法律上，經濟上，社會上的平等。所以男女教育平權，是婦女解放唯一的希望。至於提倡男女教育平等的辦法，約有幾種：第一，在小學裏對於貧苦的女學生，應給予補助金。大抵貧家女兒，多要留在家裏做雜事，而不能入學，政府應隨時警告其家長。第二，自小學到大學一律開放。第三，一切學校開放外，並應設立各級女子學校。大抵舊家庭多不肯送女兒入男女同學的學校；若無女子學校，是剝奪婦女一種求教育的機會。況且中國現在女子程度，比男子更低，多不能考入大學；若無女子大學，亦是剝奪婦女一種求高等教育的機會。

（六）勵行教育普及　國民黨政綱有「勵行教育普及」一條。普及教育，也是根據平等觀念。換句話說：全國人民都要受小學教育。民國元年，教育部曾通令各省，限民國十八年完成普及教育。現在離限期只差二年，到那時能實行教育普及的，恐怕只有山西一省。大抵此次軍事結束後，在十年內定可完成全國普及教育。

（七）獎勵平民教育　中國現在失學的成人約有三萬萬人，他們既不能領受義務教育，若無特殊機關教其讀書，他們永遠沒有求教育的機會了。平民教育可分爲二期：其一爲識字教育，卽讀習千字課，大抵四個月可畢業。其二爲常識教育，爲識字教育畢業生繼續求學的教育，授以史地，數學，地理，化學，生物，經濟，政治，社會等常識。全國平民識字教育，應限五年內完成，常識教育，應限十年內完成。中央及地方，並須多設平民博物院，平民圖書館，平民講演所，戲劇院等，以增進平民的知識。

C. 博愛　所謂博愛，並不專限於情感方面，而尤須具備合作互助之行為的條件。愛國家愛世界的人，不但能視國家世界的休戚榮辱，如己身的休戚榮辱，還能和全國人或全世界人類，在自由平等原則之下，合作互助。表現於情感行為兩方面的博愛，纔算真正的博愛。中國人對於博愛之情感方面，也許算世界第一，但對於博愛之行為的方面，——合作互助——恐怕要算全世界倒數第一了。外國人常說中國人如一盤散沙，三人以上，便不能做事。今後教育政策，應積極提倡合作能力。

（八）注意社會化教育　今後教育，應將學校與社會打成一片，使學校社會化，社會學校化；學校成社會的縮影，同時又是新社會的種子。一切學校課程與生活，都應和兒童及成人的社會生活，發生密切的關係，使學生在校內所學習的原理，卽刻就可到社會上應用，在社會上應用的過程中，又增加許多新見識。知了便行，行了則知得更真切，知行合一的妙處，祇能在社會化的學校裏求得。但所謂社會化卽是平民化，因為平民是構成社會的主要元素。學校社會化，是要使學校活動，與農人工人生活發生互相的關係。大抵個人人格常逐漸擴大，但人格必須在社會生活中纔能生長。社會化的學校，充滿了社會生活，所以人格也容易發展。人格的社會化，是博愛的第一步；因為社會化而後有多方興趣，有多方興趣而後能視人之榮辱，如己之榮辱。

（九）提倡公民教育　中國民族，文字，風習，思想太複雜，若無文化上的共同基礎，不能保持獨立與統一。公民教育的目的，就是貫輸必需的知識，技能，理想，使全國人民，無論在平時或戰時，都能合作互助，以增進公共福利。具體一點的說：各學校應設立黨義科目，每早應有早會，宣讀總理遺囑，禮堂及門壁上，應滿掛孫中山先生遺像，民國偉人照片，各種重要標語，青天白日旗。學校應附設合作社，銀行，商店，並應提倡課外活動，如政治討論會，青年運動團，旅行團，遊藝團，校刊社等，都可養成大規模之合作能力。

第六章　民生主義的教育政策

中山先生民生主義含義頗大，其主要原則，爲平均地權與節制資本，他如實業建設，農民銀行，勞工保護，養老育兒，周恤廢疾，普及教育等，都是民生主義的範圍。可見民生主義，不僅限於衣食住行的物質方面，還包含教育藝術之精神生活。復次，民生主義，不僅限於生產方面，還包括消費與分配方面。因此，我們討論民生主義教育政策時，應兼顧精神與物質，生產，消費與分配各方面，具體政策約有下列諸端。

（一）提倡勤勞教育　這是關於生產方面最重要的教育政策。假使要徹底實現中山先生的民生主義，我們應該從小學到大學，積極提倡勤勞教育，勤勞教育的先知先覺，應首推德國教育家凱欣斯泰奈（G. Kerschensteiner），其所倡設的勤勞學校（Arbeitsschule），成績昭著，風行天下。歐戰後，各國對於勤勞教育，均予以新注意。蘇俄革命後，其教育理想與設施，更充滿了勤勞主義的精神。布克提華盛頓(B. Washington)所創設的黑人學校，尤注意勤勞教育，學校的房舍器具儀器等，大半爲學生所製造。我們要貫徹民生主義的教育宗旨，應該積極倣效凱欣斯泰奈與布克提華盛頓二氏的理論與方法。在中小學校中，應擴充工廠及校園的範圍，但工廠及校園中所安置的機器，不宜太複雜，而應注重手藝工業，因爲中國現在工業狀況，還是在手工時代。我們要使學生在高等小學畢業，便可學成一門手藝，可以在外謀生。在中小學校裏，一部分房舍器具儀器標本等也應該使學生自己製造。在大學校中，也應注意勤勞教育，不過性質應該更精密而複雜。對於成人則應設立補習學校，凡十八歲以下的人每夜都應上課。補習學校可就各人職業的特殊需要，予以相當教育，使學生在校內所得知識，立刻可以在校外應用。總而言之：勤勞教育的目的，要使全國人民，對於勞工神聖，勞工愉快（Arbeitsfreude），勞工價值，有最深刻的認識。中國各級學校，多不注意勤勞教育，所以有人稱學校爲遊民製造所。假使我們不趕快提倡勤勞教育，中國教育愈發達，中國遊民愈多，全中國將變爲「遊民國」了。勤勞教育，實在是解決民生問題唯一的良法。

（二）注重科學教育　孫中山先生常提倡科學知識的輸入，因爲衣食住行四項，沒有一種對於科學沒有密切的關係。就是勤勞教育，也要拿科學教育做基礎。中國學校中時間大半爲外國文及文科學程所佔，至於自然科學的地位，到現在仍極低微。況且自然科學的教授法，又極呆板。教員只知道叫學生死記許多原則及公程式，而不知道使學生把這些原則，應用於實際生活之上。因此，科學和實際生活完全分離；科學不能改善實際生活，實際生活也不能增進科學的價值。因爲經濟不充裕，試驗室的設備又極簡陋，學生沒有機會去實驗及發明新原則。如此，中國將永遠爲科學界的落伍者。中華文化教育基金委員會，曾設科學教席三十餘，但多數衍了事，而位置私黨，對於中學校的科學教學，沒有一毫半釐的貢獻。國民政府，應該提出一宗大款，專爲發展科學教育之用，在課程上增加自然科學鐘點，在實驗室，增加科學儀器，在學校旁邊，附設模範工廠與農事試驗場。使學生在校內所得知識，可立刻在工場及農場實習，並將實習結果印成單行本，分給農人工人，或製成幻燈片，在各處表演，使民衆都能應用科學知識。像這樣纔能使科學與生活發生密切關係，纔能使科學通俗化，纔能增加國民生產力。

（三）介紹社會主義的教育　此係關於分配方面的教育政策。民生主義的最後目標，是共產主義的社會。但共產制度，不能驟然實行，應該先從教育下手。我們應對兒童貫輸社會主義思想，使其明瞭財富不均的弊病，平均地權的必要，節制資本的利益，私產制度的害處，各種社會主義的理論與方法；使學生於無形之中感受社會主義的影響，而有實行此主義的志願與技能。除知識外，尤須養成社會主義的習慣。學校本是一個共產社會，應該使學生愛護校產，如愛護自身的私產，學生爲學校製器具，如同爲自身製造器具；共同生產，共同享受，共同管理。對於合作社，學校銀行，學校農場等，尤應積極提倡，以養成共產的習慣。總之：我們要把學校造成一完全社會主義的小世界——各盡所能，各取所需的新世界；使學生做到「力惡其不出於身也而不必爲己」的地步。從前的教育，是資本主義的教育，其目的在養成勤奮，耐勞，自足，服從，忠實的工人。我們現在要介紹社會主義的教育，其目的在養成勤奮，敏捷，自動，自主，大公無我的工人。只有社會主義的教育，能實現社會主義的制度，而達到民生主義最後的目的地。

（四）促進家事教育　家事教育目的，在用科學方法，研究家庭內衣食住洗滌，養育，看護，裝飾佈置等問題，而求得最經濟最精良的消費方法。大抵世界物質進步，全靠生產量超過消費量；生產量愈多愈好，而消費量則應力求低減。增加生產力的方法，為提倡勤勞教育，與科學教育在上節已經討論過。至於消費量的減少，應從家事教育下手。歐美婦女，尤其是德國婦女，最重視家事，日夜作工，不覺厭倦，還自以為愉快，因為他們知道勞工神聖的原則。在學校裏，則下自小學，上至大學，都設有家事科，有最大之家事試驗室，凡女生必須學習，還有少數男生選習家事者。但歐美婦女，並不以家事為汚辱婦女，因為婦女天才適合家事，也是「各盡所能」的意思。反之，中國婦女多不肯管理家事，而以家事為鄙瑣不屑為，吃飯穿衣，都要僕人侍候。在中小學雖間或設立家事科，但仍是敷衍了事，在女子學校及大學校，絕少家事科；有人提議辦家事科，學生便指為「思想落後」或「開倒車」。這些先生們，不但不懂勞工神聖，還不認識「各盡所能，與各取所需」的妙處。學校消費合作社與學校銀行亦應積極提倡，因為他們可以養成節儉的習慣，與合作的能力，要實現民生主義或共產制度，我們不但要注意生產，還要注意消費問題；如果不然，共產制度必難實行，而物質文明必難進步。

（五）提倡美感教育　在上節我們已經說過，孫中山先生的民生主義，不但包含物質方面，還包含精神方面。所謂精神方面，卽感情生活；而陶養情感最良好的工具，就是美術。美術本有生產與消費兩方面，而我們所提倡的美感教育，專注重消費方面，卽美術的欣賞。美術感人的力量最大，能使欣賞者人格完全浸入美術的對象，而熔化爲一體；足以開拓其心胸，安慰其心靈，提高其人格。以美育代宗教，有宗教的機能而沒有宗教的流弊。要完成民生主義最高的理想，非積極提倡美育不可。美國內務部教育司長提克特（J. J. Tigert）說：小學課程，除閱讀，書寫，算術三門外，以音樂爲最重要，可見美育的功用。德意志民族靈魂也完全寄託於音樂之上，法蘭西人，則以美術爲第二生命。中國人多不知利用閒暇，以從事高尚娛樂。我們應努力把中華民族造成美術的民族，在學校課程上應予美術以更重要的地位，應使個個學生，都有欣賞美術的能力。尤其要緊的，是使美術通俗化；應多設博物院，圖畫館，音樂廳，戲劇院；並應將美術原理，應用於市政，建築，工業，園藝之上；使中國成一大花園，事事物物，都含有美術價值，足供全世界人民欣賞與流連。這是一種教育最高的目標。

總而言之：三民主義的教育宗旨，考諸歷史背景，更為進步，證諸歐美經驗，更為完善，稽諸專家學理，若合符節，是中華民國最妥美的教育宗旨；一切教育政策，都可從三民主義演繹出來。今為醒目起見，列出一表，作為本篇的結論。

- 民族主義
  - 消極
    - （一）限制教會學校
    - （二）取締外人在華移民學校
  - 積極
    - （三）推廣邊地教育
    - （四）獎勵華僑教育
    - （五）勵行軍事教育
- 自由
  - （六）保障教育獨立
  - （七）發展兒童本位教育
  - （八）尊重學術自由

三民主義的教育宗旨

- 民權主義
  - 平等
    - （九）促進教育機會平等
    - （十）提倡男女教育平權
    - （十一）勵行普及教育
    - （十二）獎勵平民教育
  - 博愛
    - （十三）注意社會化教育
    - （十四）提倡公民教育
- 民生主義
  - 生產
    - （十五）勵行勤勞教育
    - （十六）注重科學教育
  - 分配
    - （十七）介紹社會主義的教育
  - 消費
    - （十八）促進家事教育
    - （十九）提倡美感教育

中國新教育行政制度研究

◎每册定價大洋陸角

著作者　姜琦　邱椿

校訂者　蔡元培

印行者　新時代教育社

經售處　商務印書館

中華民國十六年十一月初版

一一一二分

圖書在版編目(CIP)數據

中國新教育行政制度研究 / 邱椿, 姜琦著. —北京: 商務印書館, 2020
（北大教育學文庫）
ISBN 978-7-100-18938-5

Ⅰ. ①中… Ⅱ. ①邱… ②姜… Ⅲ. ①教育行政—教育制度—研究—中國 Ⅳ. ①G529

中國版本圖書館CIP數據核字（2020）第151589號

北大教育學文庫
中國新教育行政制度研究
邱椿　姜琦　著

商　務　印　書　館　出　版
（北京王府井大街36號　郵政編碼 100710）
商　務　印　書　館　發　行
江蘇鳳凰數碼印務有限公司印刷
ISBN 978-7-100-18938-5

2020年10月第1版　　開本 880×1240 1/32
2020年10月第1次印刷　　印張 5¼

定價: 32.00元